第一本親近觀音的書

觀音小百科

橡樹林

推薦序

原來可以這樣讀觀音！

這是一本頗有意思的觀音書籍。從開卷第一眼起，逐頁展讀，可以體會到編撰者的企圖與創意。全書以六十篇〈觀音檔案〉貫穿為主軸，提出六十則輕鬆、有趣的問題，每個問題以不超過四頁的短篇幅解惑，或者述說一段有趣的典故，如此一問一答，引領大家認識觀音，兼顧知性與感性，打破一般介紹佛菩薩故事娓娓道來的長篇陳訴，切合現代人閱讀的基調。

以「第一本親近觀音的書」作為書名副標，顯見編撰者信心十足，視此書為親近觀音的入門之書，盡可能設身處地由一般人好奇的眼睛來看觀音，期能為想要親近觀音的人，在最短的篇幅內，勾勒出觀音輪廓的藍圖。

最後一篇〈觀音圖像〉是張宏實先生的研究心得。張先生擅長以資訊應用與自然科學方法學，解析佛教藝術圖像，素為我所欽佩。本篇以三跨頁觀音流變脈絡表，歸納出印度、西藏與漢地觀音圖像的發展趨向，對於佛教造像藝術有興趣者，本篇深具參考價值。

整本書最引人注意的是生動而有新意、圖文並茂的美術編排，文辭明白，讀來不枯燥，選用的圖片亦契合旨趣。

最後，謹以《法華經》中我最喜歡的一段話，期許讀者由本書感受的法喜，正如：
香風徐來，吹去萎華，更雨新者！

國立故宮博物院副研究員　**葛婉章**

緣起
開一扇門，望見觀音

你一定看過「觀音」！也許在客廳的神龕、在寺廟、或在博物館，你曾看見「觀音像」，但那樣近距離地凝視觀音像，就算親近觀音、認識觀音了嗎？一尊觀音像在眼前，卻像是目睹著一大片混沌的未知。你不禁想著，那尊觀音像裡藏著浩瀚無邊的觀音世界，該如何觸及？

這是許多人的迷惑，也是這本書所以誕生的因緣。在我自身親近觀音的途上，除了閱讀大量書籍、期刊，上網搜尋資料，也曾向一些法師與專家學者請教，那是一個尋尋覓覓，山窮水盡疑無路，柳暗花明又一村的過程，自己對觀音也有了更深一層的感悟。心想：親近觀音之路，不該是如此波折，尤其不該因找不到入口，被困在最外圍徘徊，總覺得應多開幾條路徑，路上多設幾個指示牌，讓嚮往此處風景的人不再因迷途而折返。

不敢僭稱自己有能開一方便法門，讓讀者能輕鬆地浸淫在觀音淨土，只是嘗試藉著本書開一扇門，讓你能一窺觀音世界的堂奧。這是我的發願，為讀者編寫「第一本親近觀音的書」，即使無任何觀音背景知識或信仰下，仍能徜徉其中，處處驚喜。至於入門後的重重關卡，就靠各位的勤修了。

但這樣一本書該如何來落實呢？這本書獨特的篇章設計方式，是以百科作為核心，讀者可以任意由本書去探索他所欲了解的觀音世界。但在我心中，也存在著一種閱讀本書的理想方式，這個理想來自一般人所習慣的認知路徑，即由觀看、理解消化至系統歸納的思維進程，堪稱全面性地親近觀音。因此，我將全書分為三大部分：

首先是〈來看觀音〉，就像觀音的導覽手冊，不再只是遠遠地瞻仰著觀音像，而是你可以再靠近一點！將你可能在道場、住家的神龕或博物館遇見的觀音類型，皆蒐羅至本篇，一一審視分析。讀者可以在此篇中悠游於印度、中國、西藏等地頗具代表性的觀音法相，並發現每一尊獨具的特色，最後定會恍然大悟，原來觀音的形象千變萬化，奶奶家裡供奉的南海觀音，就只是其中一種面貌！

淺嘗了開胃菜，即進入〈觀音檔案〉，整個篇章相當於瀏覽浩瀚觀音世界的入口網站，集結了60個問題，讀者可以從信仰、典故、歷史、文化，到造像藝術等角度任意切入，就如同認識觀音的60種途徑。而章與章之間，並無前後順序，但彼此呼應，當讀者由較感興趣的主題進入觀音世界，就可連結到另一個認識的路徑，逐步拼湊出觀音的粗略輪廓，擴展至更全面的認識。而想深入探索這廣袤之地的讀者，我們也準備另一張地圖，開啓讀者進入經書與網路的世界，這是我們爲讀者準備的小百科主餐。

全書的最後部分是〈觀音圖像〉，這是佛教藝術研究專家張宏實的研究心得，探討印度、西藏以及漢地觀音的圖像衍變，讀者可以在歷史的脈絡中，找到觀音圖像的傳承與衍變，讀者可以輕易地將看似龐蕪的觀音資料收束在一條時間流裡來認識，就好像之前吃了許多山珍海味，百味雜陳，需要一道完全不同的甜點，來做最後的禮讚，讀者定會發現，原來一道菜與一道菜之間，竟有這樣不可思議的聯繫。

當你在茫茫書海中，願意翻開本書的那一刹那，是你和觀音的因緣，也是你和本書的因緣，祈願每位閱讀本書的人，都能和我一樣解除困惑，在親近觀音菩薩的路上，歡喜圓滿！

目　錄

來看觀音

觀音檔案——認識觀音的 60 種途徑

●觀音的信仰檔案

● 觀音的歷史檔案

觀音圖像－如何辨識觀音造像？

來看觀音

若有無量百千萬億眾生受諸苦惱，聞是觀世音菩薩，一心稱名，觀世音菩薩即時觀其音聲，皆得解脫。—法華經 普門品

觀音，又稱為「觀世音」、「觀自在」，是大乘佛教裡的大菩薩，擁有慈悲的胸懷，能聞聲救苦，引領娑婆眾生脫離世間苦厄，追求生命智慧。

兩千年來，觀音信仰遍佈亞洲各國，甚至到達西方世界，成為人類宗教世界最燦爛的花朵。特別是在印度、中國、西藏等地區，開展出獨特的觀音信仰文化。

最早的觀音
蓮華手菩薩

蓮華手菩薩，梵語 Padmapani ，是最早的觀音形象。

起源於 2 世紀以後的印度，後來普遍盛行於西藏以及早期中國地區。

印度地區的蓮華手菩薩，手持蓮花是最重要的特徵，身著王子裝，蓄短鬚，做男性菩薩裝扮，頭頂上有時候會出現一尊小化佛。

蓮華手菩薩坐像 7-8世紀 印度伊洛拉（Erolla）石窟（鄭永華攝）
中間的蓮華手菩薩頂上有化佛，左手持蓮花，右手施與願印，右腳垂下踏於蓮花上，是大王遊戲坐姿。

普門品變相圖 6 世紀下半 印度奧蘭加巴德(Aurangabad)第七窟
圖中的觀音左手持蓮華，右手施無畏印。

● 觀音頭戴寶冠，冠上有一尊小化佛，是阿彌陀佛。

● 印度男性的臉龐，雙目低垂，神色安靜，表露菩薩的莊嚴慈悲。

● 右手已經斷落，但一般推測觀音可能施無畏印或與願印。

● 觀音呈男性身軀，袒露上身，下身薄衣貼身。

●左手持有蓮莖，上面的蓮花已經斷落。

蓮華手菩薩立像 5世紀
印度鹿野苑

蓮華手菩薩常持的手印

無畏印：掌心朝上向外，是象徵菩薩無畏艱辛，普渡眾生的手印。

與願印：下垂於膝前，掌心向外表達給予的肢體語言，象徵著施予信徒的願望。

中國與西藏的蓮華手菩薩

在西元 10 世紀以前，中國觀音造像主要承襲自印度的蓮華手菩薩。這尊唐代的青銅觀音有著蓮華手菩薩的主要標記：頭上有小化佛，左手持蓮，而右手則施安慰印。

觀音菩薩青銅立像 **8** 世紀中葉(唐代) 台北故宮藏

蓮花的含意

在佛教中，蓮花被視為眾生本有的清淨菩提心。含苞未開的蓮花比喻眾生未顯露的佛性；半開的蓮花比喻眾生發起了菩提心；已開的蓮花比喻菩提心顯現，證悟佛果。而西藏的蓮華手菩薩左手持蓮，蓮花經常有三朵，綻開的花朵象徵現在，含苞待放的象徵未來，而凋零的花朵代表過去。

西藏的蓮華手菩薩，身
著菩薩裝，頭戴寶冠，
左手持有蓮莖，蓮花盛
開在左肩上，右手施與
願印，以大王遊戲坐姿
坐於蓮花寶座上。不過
頭上並未見有化佛。

西藏鎏金蓮華手菩薩坐像　16-17世紀　鴻禧美術館藏

中國人熟悉的觀音
白衣觀音

白衣觀音，溫婉慈祥的女性形象，是中國觀音的代表。

大約在宋代以後，中國的觀音由男性菩薩轉變成女性菩薩，變成了一位慈祥的女神。白衣觀音便是這類女性觀音的典型，其他還包括水月觀音、魚籃觀音、送子觀音、南海觀音等等。

此時，女性觀音手上的重要持物從蓮花變成了楊枝、淨瓶，象徵慈悲濟助，能為人們消災解厄。

楊枝、淨瓶

　　中國女性觀音手上的持物以楊枝、淨瓶為主，可能與《請觀世音菩薩消伏毒害陀羅尼經》傳入中國有關。經中記載佛陀向數千比丘與菩薩介紹西方三聖，談到觀世音菩薩時說：「毗舍離人，即具楊枝淨水，授觀世音菩薩。」當時的毗舍離人準備了楊枝、淨水，給予觀世音。楊枝，又稱楊柳，在古代印度是刷牙用的齒木。古印度、西域宴客時，多贈楊枝和淨水，表示懇請之意，因此，佛教中請佛菩薩也用楊枝、淨水表達誠意。傳到中國後，中國的觀世音菩薩常持楊枝、淨瓶，象徵能為世人消災解厄。

● 覆蓋白色頭巾，身著
白衣長袍，是白衣觀音
的典型外貌。

● 頭上鑲有一尊小化佛。

● 女性臉龐，標準的鵝
蛋臉，細眉淡唇，圓潤
秀麗。

● 持物楊枝、淨瓶擱置
在旁邊。

● 結跏趺坐於水中蓮花
上。一般常見的白衣觀
音通常結跏趺坐於水岩
中，背後有圓月、竹
林。

仇氏杜陵內史　白衣大士像
16-17 世紀(明代)
台北故宮藏

中國還有哪些女性觀音？

宋代以後，也就是西元 10 世紀以後，中國出現了各
種女性觀音，造型多樣，姿態各異其趣，形成了中國
地區獨特的女性觀音世界。

送子觀音

手抱男嬰，宛若慈母，是民間常見的觀音。收藏於故
宮博物館的明人所繪的〈法華經普門品變相圖〉，點
出觀音送子的典故出於《普門品》，觀音能滿足人們
生男育女的願望。

魚籃觀音

為了契應人間需要，觀音有許多化現身，其中最膾炙
人口的是魚籃觀音。這幅故宮博物院收藏的魚籃觀音
手提魚籃，裝扮成年輕貌美的賣魚女，宛如女神下
凡，走入人間，帶給世人的是慈悲與智慧。

水月觀音

常見的水月觀音是持楊枝、淨瓶，坐在圓月、水崖上。這尊收藏在美國波士頓博物館的水月觀音，女性容顏，端莊圓滿，採如意坐姿，姿態嫻雅。由於雕像不完整，判斷應坐於岩石上，有圓月做為背景。

南海觀音

南海觀音的依據是來自於經典記載觀音居住在南海普陀洛山，持楊枝、淨瓶，坐在岩石上，善財、龍女隨侍在側，有白鸚鵡盤旋在竹林背景中。

西藏人熟悉的觀音
六字觀音

六字觀音，就是持有六字眞言的觀音，也就是俗稱的「四臂觀音」，盛行於 12、13 世紀以後的西藏地區，是西藏人最熟悉的觀音。著名的西藏精神領袖達賴喇嘛被視爲是六字觀音的化身，向世間傳佈慈悲佛法。

六字觀音的造形是一面四臂二足，屬於密宗觀音，重要的特徵是有四隻手臂，分別持握摩尼寶珠、念珠以及蓮花；頭戴五方冠，左肩斜披鹿皮或羚羊皮。

西藏鎏金四臂觀音坐像
16-17世紀 鴻禧美術館藏

四臂觀音唐卡 19 世紀
(陳百忠提供)

● 觀音頭戴五方冠，冠上綴滿寶珠。

● 右手持著禮佛計數用的念珠。

● 左手持有象徵清淨無染的蓮花。

● 面容造型傾向中性或男性容顏。

● 左肩斜披鹿皮。

● 上身赤裸，穿戴瓔珞寶飾，有披肩。

● 中央雙手做合掌印，掌中握持摩尼寶珠或聖果。

● 下身著華麗長褲，結跏趺坐於蓮花座上。

六字眞言

六字眞言是「唵嘛呢唄美吽」，意思是「禮敬蓮中寶」。在藏傳佛教裡，傳說六字眞言是阿彌陀佛傳授給觀音菩薩的密咒，護持觀音渡化眾生的悲願。由於咒語簡短易記，功德成就極大，成為世間人們喜愛持誦的眞言。此咒不但在西藏家家戶戶誦念，甚至在漢地、西方世界也很盛行，可算是流行全世界的觀音神咒。

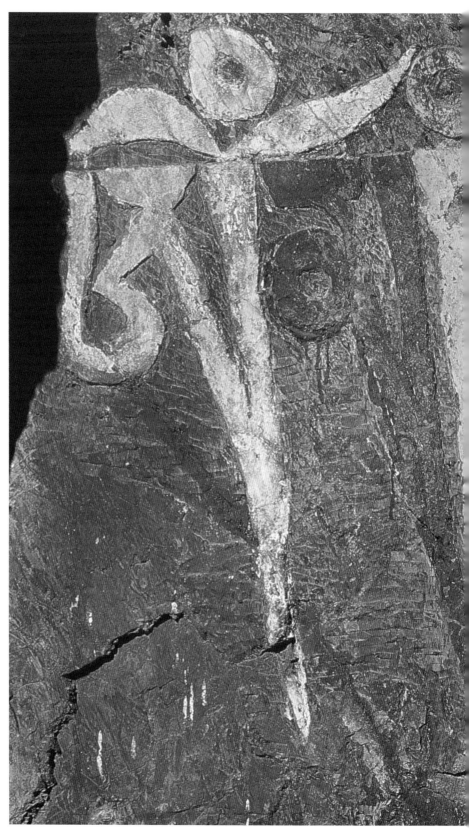

西藏六字眞言石刻 (莊明景攝)

圓滿具足的宇宙菩薩
十一面千手觀音

十一面千手觀音，是願力圓滿俱足的宇宙觀音，在諸多觀音形式中最有力量與最受歡迎，普遍盛行於印度、西藏、中國、日本和韓國等地區。

由於偉大的救渡悲願，觀音能轉化成多面多臂的形式，與眾生溝通。

十一面象徵觀音的法力足以照顧眾生；千手象徵大悲願力，救濟眾人苦難；千眼象徵無限智慧，能夠知道宇宙眾生的需要。

● 頭上戴著寶冠。

● 上身赤裸佩戴華麗項鍊，披著綠色彩帶，下身著及膝半短褲，應是當時西藏地區流行的服飾。

● 觀音的十一張臉有紅色、藍色、綠色、白色與黃色等五種顏色，以五層堆疊排列，宛若金字塔。

● 觀音的主面容祥和端莊，線條婉約。

● 其餘三十四手分別在軀體兩邊展開，各有持物，護持眾生。

● 右手執法輪，象徵說法無礙。
● 右手持有念珠，用來持咒念佛。
● 右手施與願印，表示施予願望。

● 左手拿蓮花，比喻能清淨眾生。

● 左肩斜披羚羊皮。

● 左手拿寶弓與箭，寶弓象徵能出離貪、瞋、痴三界之輪迴，寶箭能斷除無明妄想。

● 中央雙手當胸合掌，掌中握有摩尼寶珠，比喻能實現一切願望。

● 左手持寶瓶，瓶中甘露能治眾生之疾。

西藏江孜白居寺十一面千手觀音 15世紀
在藏傳佛教裡，觀音的十一張臉與千隻手有一定的儀軌規定，並有一定的象徵義理。此尊觀音繪以四十二手象徵千手。(黃永松攝)

十一面的特殊義理

十一面觀音的面部排列，在圖像上隱藏著特殊的義理。西藏將十一面分成五層結構，既象徵法身佛、報身佛與應身佛，同時也表達密宗五部與五方佛的義理，如下圖所示。至於漢地，十面象徵十地修行，最後第十一面則代表修行最高的佛果。

● 第五層是紅膚的阿彌陀佛，代表法身佛。

● 第四層是藍膚的怒目金剛手菩薩，代表報身佛，藍膚代表調伏。

● 接下來的三層面，每層三面，都是黃、白、綠三色交替變化的應身佛。

千手千眼

　　有些千手觀音真實描繪出一千隻手臂與一千隻眼睛，造型壯觀，令人嘆為觀止。觀音有一千隻手，每一隻手掌心又生出一隻眼睛。千手中有千眼，千眼中又現千手。千眼看盡娑婆世界，千手救拔芸芸眾生，連最細微的需求都能得到觀音的看顧。像右邊這張元代的漢地十一面千手觀音，千隻手分多層環繞在軀體周圍，每一隻手掌中又生出一隻眼睛，每隻手姿態各異。

千手千眼觀世音菩薩　Avalokitéshvara with Thousand-arms and Thousand-eyes, the Bodhisattva of Compassion

臨摹自：千手觀音　元代　敦煌莫高第3窟　（舞陽美術提供）

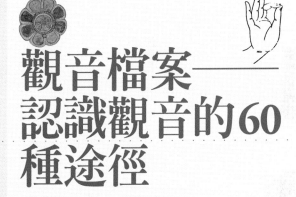

觀音檔案——
認識觀音的60
種途徑

觀音菩薩與阿彌陀佛在過去世曾經是父子？

有人說觀音是菩薩，有人說觀音是佛；有人說觀音是阿彌陀佛的兒子，也有人說觀音曾是釋迦牟尼佛的老師……到底觀音是誰？觀音的身世來歷有三個故事，都是透過釋迦牟尼佛向眾人宣說的。

版本一：觀音是無諍念王的兒子

釋迦牟尼佛在世時，曾在摩揭陀國，京都王舍城的郊外，向六萬二千大比丘、菩薩演講《悲華經·大施品授記品》，經中提及觀世音身世時，說：

在很久遠以前的「善持」劫世裡，有一個佛世界名叫「刪提嵐」，當時有一位轉輪聖王[註1]，名叫無諍念王，就是阿彌陀佛的過去生。無諍念王有十個兒子，大太子名字叫「不眴」，就是觀世音的過去生。那時的佛名號叫做寶藏佛，無諍念王和他的太子們都供養寶藏佛。

有一次，無諍念王與太子們一起供寶藏佛。每個供養者都各自發願，有的追求大富，有的要做天神，有的要求聖者，而無諍念王則祈願自己仍再是轉輪聖王，都是些人天福報，並沒想到發大菩提心[註2]。

那時，朝中有一個大臣叫海寶，他是一個有見識的高人，常勸人要皈依佛，發菩提心。有一天，海寶做了一個奇怪的夢，夢中見到十方諸佛都持蓮華給海寶，還有許多不可思議的瑞相出現。同時他也看到無諍念王，人形豬面，身上沾滿血跡，往四面八方奔竄，開始吃食各種蟲類，等到吃飽後，竟有無數眾生來爭食無諍念王的身體，就這樣，死了再投生，依然是人形豬面，被眾生吃掉，再投生，再死亡。十個太子也和父親一樣，吃食眾生並被眾生吃掉，生復死，死復生。

海寶看得很害怕，從夢中驚醒，趕快告訴無諍念王和太子們，並向寶藏佛請教。寶藏佛向海寶宣說輪迴轉生的種種苦楚。因此，海寶便勸告無諍念王和太子們，要發菩提心，不要只求人天福報而已。他們都聽從海寶的勸告發大菩提心。此時轉輪聖王被佛授記當來作佛，佛號「無量壽」，或稱「阿彌陀」。

大太子不眴看到世間眾生不斷造罪苦惱，又無法離苦，便向佛發大志願：「若有眾生，受諸苦惱恐怖等事，退失正法，墮大暗處，憂愁孤窮，無有救護，無依無舍，若稱念我的名字，被我天耳聽到，天眼看到，若我無法免除他的苦惱，那麼我就永不成佛！」

不眴的發願，深得寶藏佛的贊許，便說：「善男子，你觀眾生之苦，生大悲心，立誓要斷眾生煩惱，從今起你要稱為觀世音。」

劫世

佛教認為宇宙從創始到毀滅的一個週期，稱為「劫」或「劫世」(kalpa)。世界發展是周期性的生滅過程，經過漫長時間就要毀滅一次，然後重新開始。過去是「莊嚴劫」，現在是「賢劫」，未來則是「星宿劫」。

那麼一劫是多長呢？據說一劫等於128億年。佛書中說，過去佛中的第一佛「毗婆尸」是在九十一劫世之前成佛的。一劫世等於128億年，因此，九十一劫等於11648億年，可真是個驚人的天文數字。

阿彌陀佛淨土變相部份　阿彌陀佛與兩脅侍菩薩　初唐　敦煌莫高第 220 窟南壁
《悲華經》中，轉輪聖王、大太子不眴和二太子尼摩因大發菩提心，分別授記為阿彌陀佛、觀世音（右脅）和大勢至（左脅）。

化生童子圖
7世紀初(隋末唐初) 敦煌莫高第244窟
在《觀世音菩薩授記經》中，觀世音在過去世曾是由蓮花誕生的寶意王子，未來要繼承阿彌陀佛的國土。

寶藏佛預知觀音的未來成就，說他未來即將成佛，佛號叫「遍出一切光明功德山王如來」，佛土名叫「一切珍寶所成就的世界」。

當時的二太子叫「尼摩」，也發願求取佛土，等到觀世音涅槃[註3]後再成佛。寶藏佛便告訴二王子尼摩：「你會在未來世中繼觀世音成佛，佛號叫『善住珍寶山王如來』。由於你發願求取大世界的佛土，因此你的名字應該叫大勢至。」

版本二：觀音是蓮花化生的尊貴王子

在釋迦牟尼佛的演講中，他對二萬大比丘眾、一萬二千位菩薩演講《觀世音菩薩授記經》，提到觀世音是另一世阿彌陀佛應身出世的尊貴王子：

那是在另一個遙遠以前的劫世裡，有一佛國名叫「金光獅子遊戲國」，有一位受人尊敬的威德法王，以佛法治理全國。他有二十八個小王子，他和小王子們都修習無上的佛法，全國人民也都淨修佛法。威德王因而成佛，他的佛號就是如今的阿彌陀佛。

有一天，威德王在園中坐禪入定，在左右兩旁地上，突然生出兩朵蓮花，蓮花色澤莊嚴，芬芳香氣猶如天界的旃檀香。蓮花上化生了兩個童子，他們正在蓮花中打坐，一個叫寶意童子，一個叫寶上童子。

當威德王坐禪出定時，看見蓮花上的兩位童子，很驚訝，便用偈語詢問兩童子，兩童子也以偈語回答了威德王。後來，他們二人與威德王一起前往佛陀處請法。二位童子問佛說：「供養什麼最勝妙？」佛陀回答：「發菩提心，廣濟群生，迴向菩提，是最勝福。」於是，他二人都發菩提大願，要救渡眾生，結果，其中的寶意王子成了觀世音菩薩，寶上王子就成了大勢至菩薩，他們二人常侍阿彌佛陀的左右身邊，成為阿彌佛陀的繼承人。

爾後，在阿彌陀佛涅槃後，觀世音菩薩就在七寶菩提樹下成佛，號名叫「普光功德山王如來」，他的佛國號稱「眾寶」，極為莊嚴聖妙。

版本三：觀音是由佛轉世再來的菩薩

在《千手千眼無礙大悲心陀羅尼經》中，觀世音在普陀洛迦山的觀音宮殿，向諸佛菩薩宣說大悲心陀羅尼咒的來歷時，說到自己的身世背景：

我懷念在過去遙遠的劫世，曾有一佛，名叫「千光王靜住如來」，

他憐憫我和一切眾生的緣故，便教我說這個廣大圓滿無礙的大悲心陀羅尼，並用金色手摩按我的的頭頂，對我說：「善心的男子啊，你該持念這個心咒，爲未來惡世眾生，造作利益與安樂。」當時，我才剛進入初地的修行，一聽到神咒，就把我提升到八地，也就是具有佛一般威神力的修行功德，滿心歡喜，因此當下發願：「若我真能如願，利益一切眾生的話，那就讓我現在能生出具足的千手千眼。」我的願才發完，我的身體果然生出具足的千手千眼，引起十方大地六種震動，而十方星際世界的眾佛都放出光芒，照射在我身上和無邊世界……從那時起，我就常常持誦此咒，不曾拋棄或忘記。

同時，此經裡釋迦牟尼佛也宣說：

這位菩薩名叫「觀世自在」，又叫「燃索」，另一名叫「千光眼」，他有著不可思議的威神能力，過去無量劫世中，早已成佛，佛號「正法明如來」。只因爲發了大悲願，欲使世間眾生獲得安樂，所以他現世仍做菩薩身份。

註1　轉輪聖王：梵文 Cakravartin，擁有並轉動「神聖之輪」的王者。指受佛法引導，並令其臣民遵行佛法的世界君王。

註2　菩提心：梵文 Bodhicitta，象徵能幫助人類克服貪、瞋、癡、慢、疑等五種缺點的智慧。

註3　涅槃：梵文 Nirvana，息滅、停止之意，是指佛所到達的永恆解脫的境界。同意字有滅度、寂滅、圓寂。

釋迦牟尼佛
1世紀 印度阿占塔(Ajanta)石窟
釋迦牟尼是史冊有記載的一位佛陀。
（鄭永華攝）

釋迦牟尼是出現在歷史上的一位佛陀，約誕生於西元前五六三年，原為北印度釋迦族的一位王子，名叫悉達多・喬達磨(Siddhatha Gautama)，生於皇宮，不知人間疾苦。

釋迦牟尼二十八歲時，首次出宮，在街上見到老人、病人和屍體，開始為人世的痛苦感到困擾不安。後來他放棄了宮中的世俗生活，離妻別子，去尋求這個世界痛苦的根源。他經歷嚴厲的苦行生活，沒有找到滿意的結果，最後來到菩提迦耶的一棵菩提樹下靜坐，經禪定思惟，淨絕了虛妄之念，並擊退魔鬼的誘惑後，終於大徹大悟，了解苦的本質。從此，他被稱為佛陀(Buddha)，也就是覺悟的人。

釋迦牟尼傳法的教義被歸結為「四聖諦」，由因果兩部分內容組成：一切眾生的苦諦皆因無明而起，苦諦通過正行、正語、正思維等八正道，能離苦得道，脫離生死輪迴。釋迦牟尼八十歲時涅槃，在歷史上，釋迦牟尼被尊為佛教創始人。

阿縛盧枳帝濕伐邏，是誰的名字？

觀世音菩薩的祖籍在印度，他的印度名字是「Avalokitesvara」，音譯「阿縛盧枳帝濕伐邏」，原意是「由高處向下觀之君主」或「探視下界之神」；而在中國普遍翻譯成「觀世音」或「觀音」。

「觀世音」這個中國名號是誰取的？

「觀世音」這個中文譯名最早出現在西元3世紀，印度和尚僧鎧翻譯的經典《無量壽經》裡。可是要到西元5世紀大名鼎鼎的佛經翻譯家鳩摩羅什翻譯著名的《妙法蓮華經・觀世音菩薩普門品》時，「觀世音」的名字才真正受重視。

經上說：「爾時，無盡意菩薩即從座起，偏袒右肩、合掌向佛、而作是言，世尊，觀世音菩薩以何因緣名觀世音。佛告無盡意菩薩，善男子，若有無量百千萬億眾生，受諸苦惱，聞是觀世音菩薩，一心稱名，觀世音菩薩即時觀其音聲，皆得解脫。」

相近的譯法，還有西元3世紀精通三十六國文字的月氏大僧竺法護，譯為「光世音」。

不過，中國人最喜歡的稱呼卻是「觀音」二字。據說唐太宗時代，從帝王到平民百姓，人人崇信觀音，為了避諱太宗李世民之名，因此將觀世音叫做「觀音」。

其實，早在西元2世紀的漢譯經典《成具光明定意經》中，便曾出現「觀音」二字的譯名，只是當時人們並無太多注意。直到往後的漢譯經典《悲華經》、《華嚴經》、《觀世音菩薩授記經》等等，才同時使用觀世音和觀音兩個名字。

法華經觀世音菩薩普門品
1432(明代) 台北故宮藏

名號裡的玄機

如同名字代表一個人，佛菩薩的名號也代表著他們特有的德行與樣貌，例如藥師佛以醫藥救渡眾生得名，地藏菩薩則是

因為在過去世中以「眾生渡盡，方證菩提，地獄未空，誓不成佛」為誓願得名。而觀世音的名號能牽動世世代代無數人，就因為他是來觀世界眾生的音而尋聲救苦。任何一個人在危難無助的時候，只要稱念觀世音，就能得到他神通法力的救助。在《普門品》與《悲華經‧大施品授記品》中，一再宣說這樣的主題，是他深得人心的主因。

聲音不用聽的而是一觀便知，算是觀世音的絕招，對現代人來說是特異功能。以「眼」觀音，對世俗來講不可理解，但佛教中卻有「六根互用」這一套理論，不但可以用眼觀音、還可用眼觀香、觀味。當佛菩薩修到一定的境界，都可以到達六根互用的高等境界，也就是任何一根都能替代其他諸根作用。《涅槃經》裡說：「如來一根則能見色、聞聲、嗅香、別味、知法。一根現爾，餘根亦然。」也就是六根互用的意思。

「觀世音」還有另一個更深刻的意涵，即是代表每個人心靈最深處的「內在覺性」，也可以說是「佛性」。觀世音不但來觀你的音，還要讓每個人觀自己的音，如果能察覺到自己內在的覺性，並與之相應時，自己便是觀世音，離永恆的生命之道不遠了。

元代自在觀音瓷像 北京
北京元大都遺址出土，是元瓷造像中的上品。觀音不但來觀世人的音，也要讓每個人觀自己的音，覺察內在的佛性。(王露攝)

玄奘大膽替觀世音菩薩改名？

觀世音又叫「觀自在」，這是唐朝玄奘大師大膽創新的翻譯。

西元7世紀，玄奘翻譯《般若波羅密多心經》，共有262字，經文的頭一句就是「觀自在菩薩」。心經自古以來共有7個漢譯版本，大翻譯家鳩摩羅什是最初譯本，玄奘是第二譯本，在中國流傳最廣。

兩種譯名的爭論

梵文 Avalokitesvara 一字，音譯是「阿縛盧枳帝濕伐邏」，這個梵文在中國佛教史上曾引起很大的爭論，有兩個不同意義的譯名。五世紀鳩摩羅什（Kumarajiva）把 Avalokitesvara 譯成觀世音。當鳩摩羅什初次翻譯《般若波羅蜜多心經》時，頭一句譯的是：「觀世音菩薩，行深般若波羅蜜多時。」可是，唐玄奘卻有不同的看法，他譯成：「觀自在菩薩，行深般若波羅蜜多時。」

玄奘在他所著的《大唐西域記》卷第三中，也曾批評鳩摩羅什等人舊譯的錯誤：「……即縛盧枳多譯曰觀，使濕伐羅譯曰自在，舊譯爲光世音或云觀世音或觀世自在皆訛謬也。」玄奘認爲，Avalokitesvara 原由兩個梵文拼成，avalokita + isvara。avalokita 原意即「觀看」、「照見」。isvara 原意即「自在」。全句梵文的含意是「觀看上的自在者」，若從現代白話的解釋，Avalokitesvara 可以引伸爲「無所不見，無所不在」吧，並無「觀其音聲」或「觀看世界或求告者聲音」的意義。

從這以後，在往後的經典漢譯中，觀自在、觀世音的譯名都有人沿用，也廣被信仰者所接納。例如唐代印度僧人實叉難陀譯《華嚴經》、菩提流志譯《大寶積經·無量壽如來會》，宋代僧人法賢譯《大乘莊嚴無量經》等等，都稱爲「觀自在」。

行書心經
心經的頭一句就是「觀自在菩薩」，而「觀自在」即是「無所不見，無所不在」。

觀自在的字裡玄機

為什麼要叫「觀自在」呢？玄奘到底有什麼樣的體會？讓我們聽聽現代諸位佛學大師們的解讀。

南懷瑾大師：觀自在的意義著重在「觀」，隨時隨地，觀照起心動念，照管每個思想的起沒，但不是用眼睛去看，而是以自己的智慧去察覺它，這就是行的方法。

聖嚴法師：觀自在就是把觀音的法門修行成功了的功能。觀音菩薩先是以耳根聽外來的聲音；再向內聽，聽無聲之聲、達到六根互用、六根清淨，對其境界不產生執著，所以叫做觀自在。

覺音居士：觀自在，是指從我們自身出發，觀一切人、一切事、一切物，而在這上面得到自在，不被任何事物束縛，不被煩惱糾纏，沒有掛礙，無所得，無所求，不取不捨，然後才能得到真正的解脫。所以觀世音是悲，觀自在是智，悲智雙全正是觀世音菩薩的性德，也是他能為世間人類除苦的能耐所在。

唯慈法師：為什麼叫觀自在？這也可以從兩方面來解釋，一個從智慧方面說，一個從慈悲方面說。即是這尊菩薩利用他的智慧來觀察世間所有的理事，都是很圓融的，沒有什麼障礙和拘束；另一方面，他以慈悲心去救渡眾生，看到什麼樣的眾生，就用什麼方法去救渡，很自由自在的應病予藥，沒有什麼障礙，這樣，他就叫做觀自在。

無論是觀自在或觀世音，這兩個譯名透過兩位大法師的精髓妙解，傳達了觀音信仰的真諦。

浙江飛來峰「唐僧取經」石雕　宋代
唐玄奘獨自一人西行取經，自己做前導，白馬馱經後隨。（王露攝）

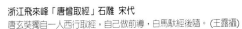

唐代玄奘大師

說到唐代玄奘大師，大家自然想到《西遊記》裡，他跟孫悟空、豬八戒、沙悟淨一起到天竺(印度)取經的故事。唐玄奘，是中國歷史上有名的譯經大師與探險家，生於西元600年，圓寂於664年。他的曠世巨著《大唐西遊記》是西行印度的遊記，這部書是當今研究古中印度的重要文獻，而中國人所喜愛的《西遊記》正是取材自遊記裡西行取經的故事。

唐太宗時，玄奘大師為了追求佛法真義，解決心中的疑惑，決定獨自西行到印度求法。西元629年，他從長安出發，經西域各國，歷經危難險阻，幾度想要放棄，但憑著艱毅的意志力、大決心，終能衝破層層艱險來到印度，並在當時的佛教研究重鎮那爛陀寺學法。

玄奘旅印一去十九年，辨經學問廣博，聲名遠播印度各國。西元645年，玄奘帶了好幾百部用梵文書寫的佛教經典返回長安，被皇帝賜封為「三藏法師」。玄奘革新翻譯的方法，在往後的二十年間，專注於經典翻譯工作，直到圓寂。玄奘圓寂後，唐玄宗追諡「大遍覺」，並勒建玄奘塔奉祀靈骨。目前，在台灣日月潭建有玄奘舍利塔，奉祀玄奘頂骨舍利。

觀世音菩薩到底有多少名號？

觀世音菩薩的名號一籮筐，這些名號都是佛教東傳時，由西域以及中國去印度取經的高僧所翻譯的。高僧們將印度較早的梵文經典，譯成漢文佛教經典。我們從這些經典中，可以一一找出觀世音不同的稱號。

名號	出處來源
觀音	出現於西元185年後漢高僧支曜翻譯《成具光明定意經》、西元406年後秦高僧鳩摩羅什譯《法華經‧普門品》、西元705年唐菩提流志譯《大佛頂首楞嚴經》，以及《悲華經》、《華嚴經》、《觀音菩薩授記經》等等。
闚音	西元223-253年間，吳支謙翻譯《維摩詰經》。
觀世音	西元252年曹魏康僧鎧譯《無量壽經》、西元406年後秦高僧鳩摩羅什譯《法華經‧普門品》、西元705年唐菩提流志譯《大佛頂首楞嚴經》，以及《悲華經》、《華嚴經》、《觀音菩薩授記經》。
光世音	西元286年，西域大翻譯家竺法護譯《正法華經》十卷本。
現音聲	西元219年，西晉無羅叉譯《放光般若經》。
觀世自在	西元508年，後魏菩提流支譯《法華經論》。
觀自在	西元663年，唐玄奘譯《大般若波羅密多心經》。

另外，根據修持功德的特性，觀音還有以下這許多名號：

名號	出處來源
大悲聖者	出現在《觀世音菩薩授記經》，顯現慈悲救渡眾生。
施無畏者	出現在《楞嚴經》第六、《請觀音經》，表示觀音具有守護世間人的威神功德。
圓通大士	《楞嚴經》中，觀音具有耳根圓通，故稱之。
正法明如來	《千手千眼無礙大悲心陀羅尼經》中說，觀音是過去佛的法號。
普光功德山王如來	記載在《觀世音菩薩授記經》，是未來成佛的名號。
遍出一切光明功德山王如來	《悲華經》說這是觀音未來成佛的名號。
大精進觀世自在	記載在密宗《大日經》。
千光眼	記載在《千手千眼無礙大悲心陀羅尼經》。
大悲大慈主	出現在觀音儀軌中。
蓮華手	觀音手持蓮花，所以稱為「蓮華手」或「缽曇蓮華手」。
南海大士	中國信徒認為觀音居住在南海普陀山上，故稱之。
慈航大士	從普陀山往南海看，觀音能救海上危難，故名之。
普門	觀音威神觀照十方，毫無障礙，所以受人稱讚為「普門」美名。

觀世音既已成佛，爲何還稱作菩薩呢？

觀世音本是古佛，卻因大悲願而成爲菩薩，向世間示現。我們先從經典來
印證觀世音是古佛這件事。

一、《千手千眼無礙大悲心陀羅尼經》：
「觀世音菩薩不可思議威神之力，已於過去無量世
中，以作佛竟，號『正法名如來』，大悲願力，
爲欲發起一切菩薩，安樂成熟諸眾生故，現作菩
薩。」在普陀洛迦山的大法會中，釋迦牟尼
佛向眾菩薩明白揭示，觀世音菩薩有不可思
議的神威能力，在久遠劫世以前早已成佛，
是願力宏深的古佛，佛號「正法明如來」，
爲幫助世間眾生開悟生死而倒駕慈航，扮演
菩薩身份。

二、《決定總持經》裡揭示「光世音如來」
一名說：在「過去久遠世歷經三十二劫，燄氣世
界有光世音如來」，如來就是佛的意思，而光
世音是觀世音的另一異名。

三、在《觀音三昧經》中也說，佛陀釋迦
牟尼也曾歸依過觀世音菩薩，作觀世音的苦
行弟子。

四、密教《三部祕釋》尊「觀自在王」爲
「中台八葉」的一尊，安置於觀音院。說「觀世音菩薩乃已成佛，因其本
誓現大悲菩薩；尋其本覺，輕易成爲佛部之尊，尋其本誓，輕易成爲蓮華部之
尊；故依其本覺，供奉於八葉中，依其本願，安置於觀音院中。」

這幾段經文都明白揭示觀世音是過去已開悟的古佛，可是在《悲華
經》、《觀世音菩薩授記經》所記載的身世故事中，卻說觀世音以後將
由菩薩成佛，繼承西方阿彌陀佛的佛土[註]。這又是怎麼回事呢？

我們可以這麼說：觀世音在過去已經成佛了，但是爲了實踐救渡眾
生的悲願，倒駕慈航，再做菩薩，回到人間，這是佛法裡慈悲的示現。

觀音菩薩彩繪壁畫
初唐 敦煌莫高第 57 窟南壁
觀音雖已成佛，卻發慈悲心，倒
駕慈航，以菩薩身向人間示現。

註　見檔案 *1*〈觀世音菩薩與阿彌陀佛在過去世曾經是父子？〉

什麼是佛？

佛，就是佛陀，是梵文 **Buddha** 的音譯，意思是「覺者」，也就是徹底覺悟真理的人，是佛教修行的最高層級。人人都可以達到對真理大徹大悟的境界，因此人人都可以成佛。

小乘佛教講「佛陀」，特指佛教的創始者釋迦牟尼；大乘則認為，除了釋迦牟尼佛之外，宇宙間還有許多覺行圓滿的諸佛。時間無限，涵蓋過去、現在、未來，無始無終；空間無限，涵蓋十方星際宇宙，無邊無涯。在十方三世時空中，有無數的佛陀與佛國，如同恆河流沙之多，無法計算。

●過去七佛：

佛教傳說過去共有七佛，分別是：第一毗婆尸佛， 第二尸棄佛， 第三毗舍佛，第四拘留孫佛， 第五拘那含牟尼佛，第六迦葉佛，第七釋迦牟尼佛。前面三位是在過去劫世(莊嚴劫)中出世的，而後面四位是在現在劫世(賢劫)中出世的。

●三世佛：

所謂「三世佛」有依時間、空間兩種說法：依時間來說，指過去世燃燈佛、現在世釋迦牟尼佛和未來世彌勒佛。若依地域來說，有東方淨琉璃世界的藥師佛、娑婆世界的釋迦牟尼佛以及西方極樂世界的阿彌陀佛。

●五方佛：

在密宗世界裡，大日如來是密宗教主，以他為中心，形成五方佛，宣講佛法。五方佛以大日如來(即毗盧遮那佛)為中心，周圍有東方阿閦佛，西方無量光佛(即阿彌陀佛)、南方寶生佛，北方不空成就佛。目的在將人類的五種執著「貪、瞋、癡、慢、疑」轉變成五種智慧。

●三身佛：

三身佛指三種佛身，即法身佛、報身佛和應身佛。法身佛毗盧遮那佛(大日如來)是將佛所說的真理加以具象化，象徵佛法的絕對真理。報身佛盧舍那佛，表示證悟了佛果真理而顯示了佛的智慧。應身佛釋迦牟尼佛是為教化世間而隨緣應現生身。

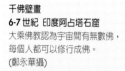

千佛壁畫
6-7世紀 印度阿占塔石窟
大乘佛教認為宇宙間有無數佛，
每個人都可以修行成佛。
(鄭永華攝)

什麼是菩薩？

菩薩，是梵文 Bodhisattva，音譯菩提薩埵，故稱菩薩。菩提(Bodhi)意指覺悟，薩埵(sattva)意指本質，兩字合一代表「具有覺悟的本質」，可引申為「覺悟的力士」。

菩薩的最大特徵是慈悲。什麼是慈悲？慈悲就是不但自己追求開悟，還要把別人也引領到開悟之境。慈悲就是善解人意，見別人受苦難折磨，能感同身受，伸出援手，解決困阨，滿足願望。

任何人只要生起慈悲，都能成為菩薩。初發心的菩薩可能只是一般人，難能可貴的是要能時時持守這顆慈悲心。有些菩薩證悟很高，由於對眾生的悲願很大，使他們發展出如佛般的神力，能廣大利益眾生。像觀音菩薩就是具有很高神力的大菩薩。

●佛與菩薩的關係

在佛國中，菩薩的地位僅次於佛，等級很高。菩薩將來都要成為佛，一旦佛涅槃，將由菩薩來遞補，像觀世音菩薩和大勢至菩薩就是彌陀佛位的繼承者，彌勒菩薩則是未來的彌勒佛。

菩薩與佛最大的差別在於：佛是追求生命智慧的最高典範，地位無限崇高，境界高深莫測，讓人難以親近。菩薩卻常住人間，以種種化現滿足眾生需要，讓人倍感親切。佛、菩薩與眾生的關係，用現代術語打個比方：佛是大學教授，菩薩是助教，而眾生就是求法的學生。

●因地菩薩與果地菩薩

在佛國裡，菩薩有兩種：一種是修因地菩薩，一種是修果地菩薩。

修因地菩薩是指發下要修得佛果的誓願，並要經過種種 (十信、十住、十迴向、十行、四加行、十地等等)考驗，歷經三大阿僧祇劫[註]，才能成佛。像彌勒菩薩、地藏菩薩，他們已經歷這些考驗，等待未來繼承佛位，所以都是修因地菩薩。

果地菩薩則是早就成佛了，因為誓願救渡眾生的關係，所以再來做菩薩。像文殊菩薩、普賢菩薩以及觀音菩薩都是果地菩薩。

●四大菩薩

漢傳佛教流行「四大菩薩」，是漢地知名度最高的四位菩薩，他們指的是觀音菩薩、文殊菩薩、普賢菩薩、地藏菩薩。他們有各自的形象與德行特徵：

觀音手持蓮花或楊枝淨瓶，頂上有化佛，象徵「慈悲」。

文殊手持利劍與經書，騎獅子，象徵「智慧」。

普賢手持金剛杵、藍蓮、摩尼寶、經書，騎乘大白象，象徵「至善」。

地藏做比丘像，穿袈裟，戴五方佛帽，左手持如意寶珠、錫杖，象徵「大願」。

●密宗的八大菩薩與三族姓尊

密宗有「八大菩薩」之說，記載在《八大菩薩曼荼羅經》，分別是：觀自在菩薩、彌勒菩薩、虛空藏菩薩、普賢菩薩、金剛手菩薩、文殊菩薩、除蓋障菩薩、地藏菩薩，分別是八種性德的示現。

另外，在西藏密宗，有觀音菩薩、文殊菩薩和金剛手菩薩三尊形成「三族姓尊」，分別代表慈悲、智慧和伏惡三種屬性，廣為藏人信仰。

註　三大阿僧祇劫：阿僧祇劫，梵文 *Asaṃdotabv; khyeyakalpa*，意為「無數長時」。「三大阿僧祇劫」指菩薩成佛須經過很長久的時間。

敦煌彩塑菩薩像
唐代　敦煌莫高第 45 窟
任何人只要生起慈悲心，都能成為菩薩。
（王露提供）

觀音菩薩頭頂上的小人兒是誰？

觀世音菩薩的造像中，頭頂上常常有一尊化身佛，有時是立佛，有時是坐佛。到底這是哪一尊佛？這佛與觀音又是什麼關係？

中國人熟悉的大乘經典《佛說觀無量壽經》有一段記載，釋迦牟尼佛告訴阿難尊者觀看觀世音菩薩的尊容時，裡頭說到觀音頭冠中有一站立的化身佛，此佛就是西方極樂淨土的教主阿彌陀佛。嚮往極樂世界的人，在臨終時，阿彌陀佛和觀音、大勢至二菩薩都會持蓮花台前來，將他迎接到極樂世界去。

此外，在其他經典中也有觀音頂佛的描述：

《大日經》說：「北方大精進，觀世自在者……微笑坐白蓮，髻現無量壽。」

《龍樹十二禮》：「觀音頂戴冠中住，種種妙相寶莊嚴，能伏外道魔憍慢，故我頂禮彌陀尊。」

《普陀洛海會軌》也說：「西北觀世音菩薩頂上有大寶冠，中現無量壽……」

在密教中臺八葉院西北方的觀自在菩薩，也是頂戴大寶冠，中現無量壽佛，也就是阿彌陀佛。

石雕觀音頭像
盛唐 四川博物館藏
莊嚴的觀音法相中，頂上戴有一尊化佛，是西方極樂淨土的阿彌陀佛，顯現二者之間的傳承關係。(王露攝)

觀音與彌陀的關係

阿彌陀佛與觀世音菩薩的關係有三種說法：

一、觀世音是阿彌陀佛的補儲，未來要繼承西方極樂世界的佛土。這記載在《悲華經》、《觀世音菩薩授記經》所說的故事中。

二、觀世音菩薩是阿彌陀佛的脅侍。觀世音和彌勒菩薩或是大勢至菩薩經常為彌陀的左右脅侍，漢地的西方三尊像便是以此為造像依據。脅侍的意思是隨侍於彌陀的左右兩邊，有弟子之意，更積極的意義是幫助阿彌

陀佛教化眾生，讓眾生早日到達生命淨土。

三、阿彌陀佛與觀世音菩薩本為一體，只因誓願而化身菩薩。在《大樂金剛不空真實三昧耶經般若波羅密多理趣釋經》這麼說：「得自性清淨法性如來是觀自在異名，則此名無量壽。若淨妙佛果土現成佛身。住雜染五濁世界，則為觀自在菩薩。」這也就是說，阿彌陀佛就是觀世音的本體，觀世音是阿彌陀佛的示現化身。

無論是補儲、脅侍或同一本體的化身的說法，其所傳達的是觀音傳法的根本依據來自於阿彌陀佛，同時，觀音所要帶領世人跨越生死前去的淨土，就是阿彌陀佛的極樂淨土。

阿彌陀佛極樂淨土圖之局部
18-19世紀
阿彌陀佛是西方極樂淨土的國主，與觀世音、大勢至菩薩合稱「西方三聖」。(陳百忠提供)

阿彌陀佛

阿彌陀佛，梵名 Amita-buddha，Amita 意思是「無量」，因此又稱為「無量佛」，是西方極樂淨土的國主。在大乘佛教中，阿彌陀佛是「西方三聖」的主尊，觀世音和大勢至是他的兩名脅侍，協助他實踐教化眾生，接引有情到極樂淨土的悲願。在密宗系統，大日如來所統領的「五方佛」中，阿彌陀佛位居西方，代表智慧。

阿彌陀佛的名號多達十三個，包括：無量壽、無量光、無邊光、無礙光、無對光、歡喜光、不斷光、難思光、無稱光、超日月光、智慧光、焰王光以及清淨光，其中以「無量壽佛」和「無量光佛」最有名也最重要。

《佛說阿彌陀佛經》說：「彼佛光明無量，照十方國無所障礙，是故號為阿彌陀……彼佛壽命及其人民無量無邊阿僧祇劫，故名阿彌陀。」

《無量壽經》曾記載阿彌陀佛的來歷：世自在王如來時有一個法藏比丘，發下四十八大願，要成就一個盡善盡美的佛國，並以最善巧的方法來渡化眾生。法藏比丘後來成佛，就是阿彌陀佛，創造了人人嚮往的理想國度——西方極樂世界。只要是真心求取佛法智慧，並一心稱念阿彌陀佛聖號的人，命終時，阿彌陀佛與觀世音、大勢至菩薩將前往接引，往生西方極樂世界。

阿彌陀佛的信仰極盛，有句俗諺：「家家阿彌陀，戶戶觀世音」，不僅中國、日本、西藏、韓國如此，印度、西域也曾盛行。由於念佛法門方便簡易，所以信仰的人很多。甚至「阿彌陀佛」四個字成為佛教徒間的問候語。至於人人念誦的「南無阿彌陀佛」，意思則是皈依阿彌陀佛。

觀音菩薩要接引眾生去的淨土在哪裡？

淨土大家都想去，觀世音菩薩要帶我們去的淨土是阿彌陀佛的西方極樂世界，不過淨土也在你的一念之間。

什麼是淨土？

淨土是生命的理想世界。佛教認為人們所生活的世間是苦的、污穢的，稱為「穢土」；相對地，佛所在的世界是清淨、解脫、沒有染污的，稱為「淨土」。因此，淨土可說是佛教的理想國。

大乘佛教認為，十方世界有佛無數，所以淨土也有無數。以空間來說，大眾所熟知的佛國淨土如東方是阿閦如來的國土，西方是彌陀淨土，南方是寶生佛國土。以時間來分，過去有燃燈佛的淨土，未來有彌勒菩薩等待成佛的兜率天，現在則有釋迦牟尼佛的靈山淨土。每尊佛依著他們的本願和眾生的因緣，而建構出完美佛土。

觀音的根本淨土

觀世音菩薩的根本淨土在西方極樂世界，未來當他接續阿彌陀佛的佛位，主持極樂世界的教化時，這極樂世界就是他的永恆住處。到那時候，觀世音的佛號叫「普光功德山王如來」，國土稱為「眾寶普集莊嚴世界」。

現在，阿彌陀佛正在極樂世界的國度裡說法，無數菩薩和天人[註]圍繞在他的蓮座四周聽法。至於觀世音與大勢至兩位菩薩，則是極樂世界裡最尊貴的菩薩，是阿彌陀佛的脅侍，他們發了大悲願，往來於娑婆世界，勸化一切有情眾生往生極樂世界安住。人們只要一心向佛，臨終時稱念阿彌陀佛或是觀世音菩薩的名號，觀世音便會持著蓮台和彌陀一起接引往生者。也因此，觀世音菩薩又稱為「引路菩薩」，接引人們往生西方淨土。

積極的淨土思想

除了根本淨土之外，佛菩薩還有許多隱藏在人間的淨土，相傳觀世音的普陀洛迦山淨土位於南印度，文殊菩薩的淨土在中國的五台山，傳說蓮花生大士的金銅山樂土位於非洲。

其實，十方淨土都是與眾生的因緣相應，只要心存清淨心，就能與淨土相應。等到發起智慧，轉化了心中的污染，便能往生美麗淨土，常

**阿彌陀佛西方極樂世界淨土圖
18-19世紀**
在西方極樂淨土，諸天人與眾菩
薩圍繞在阿彌陀佛周圍聽法。

住安養。

　　淨土觀在佛教思想史上，意義極為重要。它體現了大乘佛教慈悲方
便救渡一切眾生的理想，使高深的佛理容易被人們接納與實踐。

　　另有注重唯心淨土的教義，強調淨土與穢土全在於人的一念之間。
心有清淨心，人所生存的現世穢土自然也能轉化為清淨的國土，使人間
處處有淨土。這種觀念更符合積極的佛教理想國精神。

註　　天人：眾生在六道中輪迴，六道指天道、人道、阿修羅道、畜生道、餓鬼道和
　　　地獄道。天人指的是在天道、人道的眾生。

觀音菩薩的嘴上怎麼長出了
兩撇小鬍子？

印度的蓮華手菩薩或敦煌壁畫上的觀音常做莊嚴華服打扮，嘴唇上卻留有兩撇漂亮的小鬍子，而明清以來的中國觀音卻多是溫婉清麗的女性扮像。觀音究竟是男是女？我們可以從佛教經典和文化發展兩方面來探究。

原始經典中的觀音性別

古梵文裡，觀音原名 Avalokitesvara 是男性名詞。而在原始佛教經典中，也一再稱呼觀音為「勇猛丈夫」或「善男子」。

《華嚴經》裡善財童子五十三參，到了普陀洛迦山參拜觀音時記載：「見岩石林中金剛石上，有勇猛丈夫觀自在，與諸大菩薩圍繞說法。」

《悲華經》裡提到觀音是轉輪聖王的王子時說：「善男子，今當字汝，為觀世音。汝行菩薩道時，已有百千億那由他眾生，得離苦惱。」

在《十面神咒心經》上，釋迦牟尼佛也讚嘆觀自在菩薩神咒而說：「善哉善男子，汝為一切有情起如此大慈悲意，欲開此大神咒……」由此來看，觀世音菩薩的原型是男性神格。

隨機化現的觀音性別

然而，在《法華經‧普門品》以及《楞嚴經》中都提到觀音具有三十二或三十三變化身的願力，這些變化身裡有一些女身，例如《大佛頂首楞嚴經》說：「觀世音尊者自佛言，若有女人好學出家，我于彼前是(現)比丘尼身，女王身，國王夫人身，命婦身，大家童女身，而為說法。」告訴我們勇猛丈夫觀世音為了弘法的方便，可以變換性別和各種身份。這個典故給予觀音「變性」的合法基礎，因此，唐宋以後，因應中國信徒的需求，出現眾多女性觀音如白衣觀音、南海觀音等等，是可以理解的。另外如藏密中有觀世音的淚珠化現為美麗的度母幫助弘法，也是示現為女性神格的表現。

佛教的性別觀

觀音是男相是女相，無論是經典所說或是隨機化現的，都是佛法的方便註。在弘法上，佛經要以種種方便來說佛法，讓眾生可以理解。但在佛法究竟的本質上，觀音的性別則是無關緊要。

《維摩詰所說經‧觀眾生品》中，有一段藉由舍利佛與散華天女的對話，點明大乘佛教對男女性別的看法：「一切諸法無有定相，非男非女，

一切女人亦復如是，雖現女身而非女也。」在諸法平等與諸法皆空之下，所有一切「相」既是非男非女，也是亦男亦女，超越了凡俗性別。世俗人間對男女性別有分別心，但佛菩薩的大悲並無分別心，因此他們可以化現女相，也可以顯現男相，甚至顯動物畜生相，來救渡世間眾生得到開悟。

註　方便：是佛家的專門用語，指一切妥善成就事物的方法。像觀音能化身眾多形象向人間示現，就是一種方便法門。

莊嚴大士像 明代丁雲鵬畫
台北故宮藏
觀音唇上有鬚，身軀略顯壯碩，呈男性面容體態，紺髮披肩，頂戴華冠，瓔珞嚴身，身披蟬翼薄紗，是明清時代的男相觀音。

「色即是空，空即是色」是誰說的?

這句話來自《般若波羅密多心經》，這262字的《心經》正是觀世音菩薩
向世人宣說的法教精髓。

心經的來歷

有一回，佛的大弟子舍利佛，問佛修持般若(智慧)法門的成就方法是
什麼，佛便叫觀自在菩薩回答這個問題。於是，由舍利佛問，觀自在
答，這一問一答，記錄下來，便成了這部《心經》，流傳後世。全文
262個字，簡短精要，卻是閱讀人口最多的一部經典。

揭諦揭諦 波羅揭諦 波羅僧揭諦 菩提薩婆訶

即說呪曰

除一切苦真實不虛故說般若波羅蜜多呪

大神呪是大明呪是無上呪是無等等呪能

耨多羅三藐三菩提故知般若波羅蜜多是

竟涅槃三世諸佛依般若波羅蜜多故得阿

罣礙無罣礙故無有恐怖遠離顛倒夢想究

所得故菩提薩埵依般若波羅蜜多故心無

亦無老死盡無苦集滅道無智亦無得以無

無意識界無無明亦無無明盡乃至無老死

耳鼻舌身意無色聲香味觸法無眼界乃至

不增不減是故空中無色無受想行識無眼

心經的要義

這部經是告訴人們「世間諸法皆空」的道理，要人了脫生死大苦，活得自在。觀自在菩薩以甚深的智慧力，徹見一切世間法皆空，了悟生命本質，因此，這個精湛的法門便藉由觀自在菩薩向世人宣說。

為什麼說「世間諸法皆空」呢？因為「無我」。為什麼會「無我」？因為「無常」。為什麼「無常」呢？因為「諸法因緣生、諸法因緣滅」。由於諸法都是依因緣而生的，沒有一個永恆的實體，只有虛妄假相存在的，所以無常、無我，因而說是「空」。

佛法的目標，就是要渡盡一切苦厄，活得自在。但「自在」兩字談何容易。觀自在菩薩藉著「般若」智慧，觀察世間。經過深入的探究後，終於親自見證到：原來我們所執取的身心等五蘊，不過是一種緣生緣滅，於是，在一瞬間打破了「我執」，原來「我」不過是一種誤解，誤以為有個「我」存在，其實呢？從本就不曾有「我」存在，自然也就沒有煩惱了。

《心經》所宣說的「空」，是大乘般若法門的中心思想，因此被視為600卷《大乘般若經》的精髓，也是大乘佛法的心要。

註　本文關於《心經》要義的解釋引自慧藏〈心經總說〉一文。全文請見網址：*http://a112.com/index.htm*

宋代歐陽詢楷書心經字帖

10

玄奘法師去印度參訪的觀音道場
在哪裡？

觀世音的永恆住處在西方極樂淨土，為了大悲願心，他甘願捨棄清淨的淨土生活，移民到人間，來開悟世人。那麼，觀音住在哪裡？觀音的殊勝道場坐落在世界的哪個角落？人們可以到哪裡求法？

　　有名的《華嚴經·入法界品》告訴我們：觀世音的殊勝道場就在普陀洛迦山！第一個拜訪觀世音道場，親自前往求法參學的是好學的善財童子。

西夏水月觀音
敦煌莫高第 237 窟
觀音置身於圓光之中，兩手抱膝，以山崖為背，坐在岩石上，旁邊放置淨瓶。宛若華嚴經所描述的觀音聖地景象。

善財童子·參拜觀音聖地

　　依現在的說法，善財童子當時正在雲遊南印度，展開佛法學習之旅。他一路南行，分別向五十三位善知識[註]求道。當他來到印度最南端莫科林岬角(Cape Mocorin)附近，有一位鞞瑟胝羅居士告訴他：「南方有座普陀洛迦山，山中有位觀自在菩薩，你可以向他請教菩薩道。」善財童子依著居士話，一路來到普陀洛迦山尋找這位大菩薩。山道崎嶇難行，也就在這山西面泉流林鬱的巖谷之中，他見到觀自在菩薩結跏坐在金剛寶石上，有許多菩薩恭敬圍繞身旁，聽他說法。善財童子頂禮過後，也恭敬、歡喜地加入其中，向觀自在菩薩問法。

　　這是經典首次提到觀音住處的具體記錄。「普陀洛迦」原義為「光明之樹」，因此又稱做「小樹莊嚴山」或「光明山」。佛教美術中常見的水月觀音，常被描繪坐在波濤洶湧的岩石上，這座岩石正是象徵《華嚴經》上所說的普陀洛迦山。

　　另外，《千手千眼觀世音菩薩廣大圓滿無礙大悲心陀羅尼經》對觀音聖地也作了描述：「一時佛在普陀洛迦山，觀世音宮殿，寶莊嚴道場中，與無央數菩薩，無量大聲聞，無量天龍八部神等，皆來集會。時觀世音菩薩密放神通光明，照耀十方刹土，皆作金色，日月之光，皆悉不現。」

玄奘曾記錄觀音聖地的景象

　　西元七世紀，唐玄奘遊歷印度之時，曾經過普陀洛迦山，並親眼見到

印度觀音聖地莫科林岬角所在的地理位置圖

人們前往朝拜觀音的熱絡景象，記載在他的曠世巨著《大唐西域記》中：

秣羅矩矺(Malakuta)南方有座秣剌耶山，剌耶山(Malaya)東方有座布呾洛迦山，此山山徑危險，山頂有池，其水澄澈如鏡，有大河繞山周流二十匝，流入南海。池旁有石天宮，觀自在菩薩往來遊息。能發願者如見菩薩，不顧身命，涉水登山，忘其險難，到此山者甚少。唯山下居士，若虔心求瞻視菩薩，則菩薩或現自在天身，或現塗灰外道身，慰喻此人，得遂其願。

根據玄奘的描述，普陀洛迦山的位置在現在印度最南端莫科林岬角附近。岬角邊上的普陀洛迦山，山道險峻難行。山頂上有清澈如鏡的天然靈池，涓涓山水，匯成大河，環山遠流二十圈而瀉入南海。池邊有座石造宮殿是觀音菩薩往來時的歇腳處。

許多人奮不顧身渡河登山，前去祭拜觀音菩薩，但能不畏艱難抵達山頂朝聖的人寥寥可數。倒是山下居民經常向山頂膜拜觀音。觀音有時化爲自在天 (印度濕婆神)、有時化做塗炭外道神祇，來撫慰百姓，實現他們的心願。

從現在的地圖上我們可以清楚找到莫科林岬角的位置。在印度文化史上記載，當時莫科林岬角已是印度對外重要海港之一，不但和東南邊的獅子國 (今天的斯里蘭卡) 有海上交通往來，更是中國、希臘等東西海上交通必經要道。

普陀洛迦山被定爲現今印度西高止山南段，秣剌耶山以東的巴波那桑山 (Papanasam)，位於提納弗利縣境，北緯 8 度 43 分，東經 77 度 22 分的地方。藏族僧人多羅那他(1575-1643)的名著《印度佛教史》說：「優婆塞寂光、月官，曾到此山巡禮。」

由於年代久遠，滄海桑田，對於印度普陀洛迦山的確切位置，今天的學術界仍有爭議。不過，普陀洛山所在的莫科林岬角現在仍是盛名遠播的夕陽勝景，遊客絡繹不絕。眺望著美麗的印度洋，隨著夕陽西下的方向，正是人心嚮往西方極樂淨土的入口。也許正因爲這個原因，人們相信這裡就是觀音的殊勝住所。

註　善知識：指有德行的賢士，或是能引導人走向正途的人。

「不肯去觀音」堅持不去日本，
留守中國南海普陀山？

印度有個普陀洛迦山，中國也有個普陀山。對中國人來說，這個位於舟山群島間的南海普陀山，是親近觀音的殊勝道場。

不肯去觀音

　　普陀山，原名梅岑，位在浙江省定海縣舟山群島，山上寺院多達八十餘所，每年舉行盛大的觀音法會，海內外無數信徒前來朝山進香，香火頂盛。山上有座「不肯去」觀音院很有名，是普陀山寺的創建始祖。要知道觀音怎麼會住在這座普陀山，就要從這座「不肯去」觀音說起！這個典故記載在《普陀山志》：

中國普陀山「不肯去觀音亭」
普陀山位於浙江省舟山群島上，是中國最大的觀音道場，朝聖者絡繹不絕。(王露攝)

中國普陀山地理位置圖

西元 916 年，五代後梁二年，日本僧人慧鍔，來到中原求法，在山西五台山請得一尊觀音菩薩聖像，決定帶回日本供奉。他由江南寧波上船渡海，誰知坐船才出寧波，行經舟山群島，卻遇上了狂風惡浪，阻擋了歸程，傳說當時的海面湧現許多鐵蓮花使船隻無法前行，如此三天三夜，船隻繞著普陀山四周打轉。慧鍔認為觀音不肯去日本，於是燒香叩拜，將觀音像請上了一座小島。島上居民目睹了海上蓮花洋的靈異景象，相信是觀音菩薩顯靈要留在這島上，便築了一所茅庵來供養這尊觀音，這就是「不肯去」觀音的由來。慧鍔也因此被譽為觀音道場的開山祖。

宋神宗元豐三年 (1080)，朝臣王舜封奉命出使高麗，他的船隻在航行中遇大風暴，又受巨鱉攻擊，生命垂危。正在千鈞一髮之際，王舜忽然看見觀音顯靈，從普陀洞現出莊嚴殊勝寶相來搭救他。後來，王舜向神宗皇帝呈奏此事，神宗便賜予匾額，題記曰「觀音寶陀」。宋寧宗嘉定七年 (1214) 頒詔欽定此山為天下供奉觀音道場。

中國最大的觀音道場

從此以後，來自亞洲各地諸如朝鮮、日本、越南、泰國、馬來亞等等的外國旅行者，當他們經過此地，每遇有苦難時，都向觀音祈禱。時日久了，朝拜的人漸漸多了起來，建造更多的寺院，後來更名為普陀山 (從梵文 Potala 音)，成為中國佛教四大名山之一，與文殊菩薩的五台山、普賢菩薩的峨嵋山、地藏菩薩九華山，齊名並列為近代中國最大的佛家道場。

明、清時代，普陀山全山有八十八所庵院、一百二十八處茅篷、僧眾三千人，真可說是「見舍是庵，遇人即僧」的盛況。其中，普濟、法雨、慧濟三寺規模最大，世稱「普陀三大寺」。普陀山是中國人心目中的觀音聖地，每年三節：2 月 19 日觀音誕辰日、6 月 19 日觀音成道日以及 9 月 19 日觀音涅槃日，普陀山都舉辦盛大法會，各地朝聖信眾多達百萬之眾，香火鼎盛。

上天竺寺

中國有兩個著名的拜觀音道場，普陀山是國際性的進香道場，而杭州的上天竺寺是地方性道場。

上天竺寺建於 10 世紀，是中國白衣觀音的起源地，已有一千年以上的歷史。

每年從二月中旬（農曆新年以後）到四月中旬（清明節為止），前往上天竺寺的香客絡繹不絕，大多來自江蘇南部和浙江北部，如蘇州、宜興、無錫和湖州。在觀音誕辰前夕，會湧入 30 萬進香人潮。在香客中有些熟悉觀音故事的女人被稱為「活菩薩」，那些故事都是源自寶卷的傳說，其中最重要的是《香山寶卷》，他們集體在寺中大殿觀音像前唱誦這些故事，領頭者敲著木魚和銅鈸，其他人就隨著她唱，以表示虔誠。

該寺的觀音像立在一個高台的神桌上，而高台則在一口井上。根據此寺興建的有關傳說，道翊和尚在西元 939 年發現一塊罕見的香木，便請一位著名的雕刻師用它來刻觀音像，但是當這位雕刻師把木頭剖開時，發現一個自然成形的觀音像，現在那尊觀音就放在建在井口上的高台。

西藏有個布達拉宮，也就是「普陀洛迦」？

西藏也有一個普陀洛迦山，就在拉薩的布達拉宮，這是觀世音菩薩的另一個神聖宮殿。

布達拉宮是觀音的宮殿

西藏人視觀音為藏地的守護神，他們相信世界猶如一朵蓮花，拉薩就是蓮花的中心，是觀音的淨土，觀音就居住在拉薩的布達拉宮。達賴喇嘛被視為觀音的化身，在人間傳菩薩道，因此，達賴喇嘛住在布達拉宮。

布達拉宮聳立在一座叫瑪魯赫里 (Maruhoiri) 的巨大巖石山頂，有喜水(Kichiyo)流經巖邊，彷彿南印度科摩林岬角上的普陀洛迦山，因此宮殿沿用普陀洛迦命名，從梵文Potala音，成了布達拉宮，而瑪魯赫里巖丘也就成了布達拉山。

最早的布達拉宮是由偉大的松贊干布王 (Sonzenganpo) 在西元581年左右所建造。當時的宮殿不像現在這般宏偉華麗，規模比較小。到了17世紀末葉，達賴喇嘛在位時，有一個執掌權力的偉大僧人松革吉雅妙若 (Sangegiyamuzo) 繪出一幅宮殿改建圖，手法非凡，鼓舞了全藏人民一起來改建宮殿，在18世紀順利建造成今日所見雄偉的布達拉宮。

松贊干布王在位時，大力提倡佛法，他最有名的事蹟就是娶了大唐的文成公主和尼泊爾的赤尊公主，她倆都是來自佛教信仰興盛的文明地區，入藏時也都帶來了佛像與佛典。松贊干布王在兩位公主的影響下成為虔誠的佛法信徒，並特地從印度迎來一尊觀音聖像供奉。

布達拉宮的中央稱為赤王宮，高聳的壁上能放出紫紅光芒；佛殿上的靈塔金璧輝煌，如此同摩天大樓一般壯麗。該宮法王殿上有一個小佛舍，安置有純金的觀世音菩薩聖像，傳說在這聖像內，封存著一千三百多年前松贊干布王迎來的觀音聖像。觀音菩薩是西藏國域的守護主，歷代君王多少也都信奉觀音，因此，赤宮中封存的觀音聖像被視為最神聖的國家之寶，吸引信徒朝聖瞻仰。

哪一個是真道場？

除了印度的普陀洛迦山、中國的普陀山、西藏的布達拉宮之外，世界各地還有許多著名的觀音道場，像是斯里蘭卡的普德蘭港、日本紀伊的普陀洛、韓國的洛山等等，還有的隱藏在繁華都市中、寧靜鄉間或深山

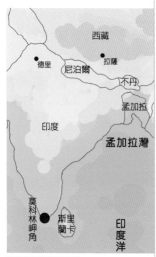

西藏拉薩地理位置圖

裡，究竟哪一個觀音道場最重要呢？

　　觀音在世間，因應時機因緣不同，會在許多地方出現，可能在亞洲、美洲，也可能在歐洲、非洲……所謂「佛在心中不遠求」、「千處祈求千處應」，我們不一定要去普陀山找，不一定要去某一特定的觀音寺廟求，太虛大師曾說：「清淨爲心皆普陀，慈悲濟物即觀音。」到聖地朝拜觀音是虔敬心的表達與實踐，但若執著於會毀朽的聖地宮殿，反而誤解了信仰觀音的本意。

西藏拉薩布達拉宮
布達拉宮是西藏觀音信仰的聖地殿堂，獨特的建築型式仍承襲18世紀達賴喇嘛五世建宮的典型。1994年，聯合國教科文組織將之列為世界文化遺產名錄。（王露攝）

佛菩薩如此之多，爲何大家都偏愛念觀世音菩薩呢？

俗諺說：「家家阿彌陀，戶戶觀世音。」佛國世界有無數佛菩薩，爲什麼觀音和這個世界的因緣特別深？特別受人敬仰？這可由三個層面來看。

契應人間苦難

世間眾生的磨難悲苦最能與觀音的大悲心相契應。觀音在《悲華經》上曾說：「我行菩薩道時，若有人遭受各種苦惱恐怖、憂愁孤窮，不能救拔，用盡心力也無法脫離痛苦。心中若是稱念我的名字，無論我在何處，都將用天耳傾聽，用天眼觀看，解脫他的苦惱。只要還有一人無法解脫煩惱，我誓不成佛。」

觀世音的慈悲，在佛國信仰中極爲殊勝。娑婆世界苦厄多，人人皆在諸惡眾苦之中而無法出離。觀世音的大悲願是將世間眾生從苦厄中救拔出來，如同宇宙的母親，回應著眾生的呼喚，給予悲憫護持。

滿足生命願望

在佛國世界裡，每個佛菩薩都有自己的願力，像地藏菩薩爲人「消災延命」，虛空藏菩薩給人「財寶豐足」，藥師如來能爲人「治癒疾病」，文殊菩薩爲人帶來「大覺智慧」等等，各有所擅。但是觀音菩薩可就沒這等限制了，他悲智勇猛，願力具足，能以千變萬化之身以及各種無窮神威，滿足人們各種生命願望。

《法華經·普門品》中稱觀音爲「施無畏」，能救人脫離十五種生命災難，能變化三十三個化身，給人不同的生命願望，包括滿足人們生男生女的願望。到了今天，時代不同了，生活富裕，醫學進步，所需求的不再只是衣食飽足、疾病得治，人們有了新的生活需求，但觀音仍能了解我們的需求。他的悲願法力無邊無界，無遠弗屆。無論息災難、求財富、增智慧、求學位、求升官或求姻緣等等……只要心存正念正行，與觀音心靈相應，沒有達不到的願望。

引導開悟之路

但是，敬拜觀音並非只是滿足現世利益，更重要的是希望每個人開悟，共登生命彼岸。在觀音所宣說的《心經》裡，他情眞意切的對娑婆眾生說：「揭諦，揭諦，婆羅揭諦，婆羅僧揭諦，菩提薩婆訶！」意思世是：「去吧，去吧，和眾生一起去到生命彼岸。完全到達彼岸的人，才

河北承德普寧寺木雕觀音
觀音能為人們解決苦厄，滿足生
命願望，但更重要的是引領人們
走向開悟之路，獲得生命的智
慧。(王露攝)

是真正領悟生命智慧的人。」只有眾生都真正領悟生命智慧，獲得自由解
脫，才是觀世音菩薩來這娑婆世界的真正目的。

　　對於一個生活困苦或病痛纏身的人來說，如何有心情聆聽這樣的生命
之道？觀世音菩薩他先解決人們的煩惱與痛苦，滿足人們的生活需求，再
使他脫離這個叫人迷惘的世界，一心一意朝向開悟前行。只不過，現代
人過於強調觀世音所帶來的現世利益，卻常常忘記朝開悟之路前進。這是
嚴重誤解觀音信仰的本質，更捨棄了觀音與眾生心靈相應的本意，是信仰
者應引以為戒的。

觀音菩薩曾因誓願無法完成而後悔，後來是誰救了他？還傳了密咒給他？

觀世音菩薩，在修道之初，曾經發誓要渡盡眾生，卻因見到無數人在六道輪迴而起了退心、結果頭顱立刻裂為碎片。

話說印度南方普陀洛迦山的觀世音菩薩，在修道之初，曾經發誓說：「我要使每個眾生都解脫生死輪迴，只要有一個人無法解脫，我也不放棄。如果我違背了誓言，我的頭顱將碎裂為千片。」西方極樂世界教主阿彌陀佛對觀世音說：「這真是個了不起的誓願，我和三世諸佛也都因這個普渡眾生的誓願而得覺悟，我將盡全力協幫助你完成這個誓願。」此時的觀世音真是豪情萬丈，軀體自然放射出六種奇異的光芒，白、綠、黃、藍、紅、黑，分別照耀天、阿修羅、人、畜生、餓鬼和地獄等六道眾生。

觀世音渡人無數，但要渡盡一切蒼生是多麼艱鉅的使命啊！渡化工作要到什麼時候才能完成呢？

有一天，觀音站在須彌山頂環顧世間眾生，還有無數人在六道輪迴中，他心生氣餒：「唉，世人的苦厄是與生俱來的，只要世間存在一天，苦厄就存在一天。如果無法斷絕苦厄，如何能渡盡蒼生？看來當年的誓願是自尋苦惱、自不量力。我還要白廢力氣嗎？倒不如現在就回轉極樂世界去吧！」

觀音當下軟弱，起了退轉之心，沒想到當年誓言竟隨即應現：他的頭顱立即碎裂成千片，猶如千葉蓮花散落，受到莫大的痛苦。此時阿彌陀佛前來現身，對觀音說：「觀音啊，你千萬不可違背誓言！不然，你所做的一切善行，都將變成虛妄。只要繼續精進，必能完成弘願。十方三世所有的佛菩薩都會加護你，幫助你成就圓滿。」

布達拉宮十一面千手千眼觀音塑像 清代
在西藏佛教中，觀音顯現十一張臉龐以及一千隻手臂，是大悲願力的極至示現。(王露攝)

阿彌陀佛發揮不可思議的力量，將碎裂的觀音頭顱重整變成十一面，身軀並長出千隻手。每一手掌心有一眼，象徵著賢劫千佛。觀音的頭頂也升起一座化佛相，就是阿彌陀佛。隨後，彌陀又說真言：「唵嘛呢貝美吽」，觀音聽聞這六字真言，立刻得到大智慧，剛強起來，再也無軟弱後退之心。阿彌陀佛以神力堅定觀音的誓願，直到現在，觀音仍以大悲關懷蒼生。

檔案 *15*
觀音的眼淚也來幫忙救渡眾生！

有一天，觀音悲眼觀看娑婆世界，發覺世人仍在貪、瞋、癡的輪迴業網中無限痛苦，一時憂傷、急切，忍不住臉上滑落兩行淚珠，那兩行淚珠竟如蓮花般滴落幻化成美麗的度母。

　　觀音左眼滴落的淚珠幻化成溫柔的白度母，右眼滴落的淚珠幻化成兇猛的綠度母。度母對觀音說：「你不要憂傷，讓我們來助你一臂之力，幫助你渡化眾生。等待救渡的眾生有多少，我們的願力也有多少！」從此，度母幫助觀音廣渡眾生。度母是觀音悲心的化現，她的名號也和觀音一般流傳人世間。

　　度母，或做「多羅菩薩」，是梵語Taro的音譯。度母一詞意為「渡過輪迴苦海的女神」。在藏傳佛教中，共有二十一位度母，都是觀世音慈悲眼淚的化身，皆做女性扮相，豐胸細腰，容貌姣好。其中最有名的是白度母與綠度母。

　　綠度母，綠膚，梵語 Syamatara，又稱「救八難度母」，是二十一度母的主尊，流傳最廣。修持本尊密法，可斷生死輪迴，消除魔障，消災、增福、延壽、廣開智慧，命終時可往生極樂世界。

　　白度母，白膚，梵語 Sitatara，有慈悲面容，在二手掌二腳心與一眉間共有五智慧眼，加上原來的雙眼，共有七眼，象徵她有洞察一切的能力，因此又稱「七眼佛母」。她與無量壽佛、尊勝佛母並稱為「長壽三尊」，深受藏民喜愛。

　　西藏人相信，西元 7 世紀，西藏首位佛教國王松贊干布王的兩位妻子，尼泊爾的赤尊公主以及中國大唐的文成公主，分別是綠度母與白度母的化身，而松贊干布王則是千手千眼觀音的化現。他們應化來人世，將佛法廣傳藏國雪域。

上圖：白度母 19世紀
白度母又稱七眼佛母，是西藏長壽女神，1面2臂2足，白膚，跏趺坐。(陳百忠提供)

下圖：綠度母 19世紀
綠度母是21度母的主尊，1面2臂2足，綠膚，右手施與願印，左手持藍蓮，右腳放下並踩蓮花。(王建壹提供)

釋尊說觀音菩薩身高八十萬億那由他由旬，到底觀音菩薩長什麼樣子？

在《觀無量壽佛經》，釋迦牟尼佛特別講述仰看觀世音的聖容，給了我們這樣一個意象：

身高： 八十萬億那由他由旬[註]

膚色： 紫金色

頭頂： 有肉髻

天冠： 以毗楞伽摩尼寶珠製成頂上天冠，天冠中有一站立化身佛，身高二十五由旬(即 25 × 40 里 =1000 里)。

頸項： 有圓光，圓光中有五百化身佛，如釋迦牟尼。五百化身佛有五百化身菩薩隨侍。

面容： 百千由旬

眉間毫毛： 成七寶顏色，並放射出八萬四千種光芒，每一光芒中有無數量的化身佛、化身菩薩，遍滿十方世界。

手臂： 像紅蓮色，有八十億微妙光明做為纓絡，在纓絡中普現一切莊嚴故事。

手掌： 有五百億雜蓮花色。

十指： 每一指端有八萬四千畫，猶如印文，每一幅畫有八萬四千顏色，每一顏色有八萬四千光芒，光芒柔和，普照一切世界。菩薩以此寶手接引眾生。

腳足： 舉腳時，腳底有千輻輪相，自然化成五百億光明台，以托著腳。放下腳行走時，有金剛摩尼花布散在地上，彌漫四處。

其餘身相： 圓滿美好，與佛身一般無異，唯有頂上的肉髻和看不見頂相，這相高不及佛陀世尊。

這就是觀世音菩薩莊嚴威儀的聖容寶相！

註 *由旬：Yojana，印度里程數，指帝王一日行軍的里程。有說每由旬40里，或說30里。*

那由他：Nayuta，又作那由多，印度數目名，相當於「億」。因此，觀音身高「八十萬億那由他由旬」＝80萬億×1億×40里，簡直是天文數字。

檔案 *17*

觀音菩薩總是手持蓮花，蓮花在佛教中有何特殊寓意？

最早的觀音是出現在印度的蓮華手菩薩，手持蓮花是當時觀音的主要特徵，從此以後，蓮花成為辨識觀音的重要標記之一。

「觀自在菩薩手持蓮花，觀一切有情身中如來藏性自性清淨光明，一切惑染所不能染，由觀自在菩薩加持，得離垢清淨，等同聖者。」——《理趣經》

「樹下畫阿彌陀如來，坐獅子座，承以二蓮。身金色，又手施無畏。佛左聖得大勢至菩薩，佛右聖觀自在菩薩。右手作安慰，左手持蓮花，身如秋箭色。」——《金剛恐怖集會方廣儀軌觀自在菩薩三世最勝心明王經》

蓮花，學名Nelumbonucifera，是生於沼澤的宿根草本植物，蓮花根生長在污泥之中，卻能開出潔淨美麗的花朵，在古印度、在佛教文化都有悠遠的傳說和意涵。

在古印度教裡，蓮花象徵宇宙的純潔與豐饒。傳說在宇宙創造初始，保護神毗濕奴(Visnu)的肚臍生出一朵蓮花，蓮花中有梵天，結跏趺坐，創造宇宙萬物。

到了佛教，傳說佛陀一降世就行七步，而且每一踏步就有一朵蓮花湧現。在佛法中，蓮花有特殊象徵，被視為眾生本有的清淨菩提心，並以不同的開合狀態做進一步的喻意：

1. 含苞未開的蓮花：比喻眾生本有卻未顯露的佛性。即使是無惡不做的惡徒也有本具的佛性等待啟發。像聖觀音本尊所持的是含苞未開的蓮花，以大悲行願，要開啟眾生未顯露的佛性。

2. 半開的蓮花：比喻眾生初發起菩提心，開始修習善行。

3. 已開的蓮花：比喻菩提心顯現，證悟佛果。像密教中台八葉院裡的觀自在菩薩右手便是執開敷的紅蓮花。在文殊院的觀自在左手也是持開敷蓮花。

我們可以說，蓮花瓣比喻妄想心，蓮蓬比喻法身，法身就藏在那妄想心裡面，因為被妄想心遮住了，所以法身不能夠顯露出來。只要等蓮花瓣一一脫落，蓮蓬現出來了，表示沒有了妄想心，法身自然顯露出來。

鎏金蓮華手菩薩坐像
明永樂年間 鴻禧美術館藏
蓮華手菩薩右手結與願印，左手結三寶印。雙手均持一枝蓮花，花分三朵，一含苞，一半開，一盛開。右足踏於蓮之上，左足盤坐於蓮花座上，作大王遊戲姿。

觀世音菩薩經常持哪些手勢？

手持蓮花或身坐蓮台，可說是觀世音菩薩的正字標記了。而觀世音菩薩手上常見的持物還包括楊柳、淨瓶等等……

佛菩薩手勢的意義

佛菩薩的手勢有兩層意義：

一、 佛菩薩的手勢並不是造像者隨意繪製上去的，而是根據經典儀軌所記載的規範來造像，都是傳達佛菩薩所具有的悲心與誓願，可做為信仰者辨識佛菩薩的標記。

二、 佛菩薩的手勢也如同人的手勢一般，是表達心意的肢體語言，將他們的心意傳達給娑婆世界的眾生。

佛菩薩的手勢包括手印與持物。手印，又稱為印契，是運用雙手與手指所結的各種姿勢。持物就是手中拿著特定的法器或寶物。如果我們能熟悉佛菩薩的各種手印、持物，則有助於辨識佛國世界的諸位佛菩薩；同時在修持或祈願時，就能充分了解本尊佛菩薩的心意，而與本尊相契應。

觀音菩薩青銅立像
8世紀中葉(唐代) 台北故宮藏
觀音頂上有化佛，左手持蓮，右手做安慰印。

 **常見的佛菩薩手印**

禪定印
(Dhyana)
全神貫注之印。這是佛陀入於禪定時所結的手印，表現禪定中的佛也都用此印。
跏趺坐姿，兩手平放於腿上，一掌置於另一掌之上。

施無畏印
(Abhaya)
意為「全然無懼的人」或是「令人安心、平靜者」。象徵布施無怖畏給眾生。
右手前臂彎曲，略成直角，手旋向外，開掌，手指向上伸直。

觀世音的手勢變化多端

　　觀音菩薩有哪些常見的手勢呢？觀音一手持蓮花，一手施無畏印，可說是人們最熟悉的了。施無畏印是出於《法華經・普門品》：「是觀世音摩訶薩，於怖畏急難之中，能施無畏，是故此娑婆世界，皆號之施無畏。」向人們表白觀音慈悲救助眾生脫離恐怖災難，使人安定的心意。至於蓮花，在佛教中代表眾生本有卻被無明覆蓋的菩提心，持蓮花的觀世音象徵要幫助人們得到開悟。

　　觀世音菩薩其他常見的持印還包括與願印、安慰印；而常見的持物則有楊柳、淨瓶等等。在漢地很流行的《請觀世音菩薩消伏毒害陀羅尼經》裡，佛陀向數千比丘與菩薩介紹西方三聖，談到觀世音菩薩時說：「毗舍離人，即具楊枝淨水，授觀世音菩薩。」楊枝，又稱楊柳，在古印度是刷牙用的齒木。印度、西域有宴客多贈楊枝和香水，表示懇請，因此，佛教中請佛菩薩也用楊枝淨水表達誠意。漢地的觀世音菩薩常持楊枝、淨瓶，象徵能為世人消災解厄的功德。

　　觀世音菩薩隨著不同的化現，展現出不同的手勢。西藏六字觀音的四隻手分別持數珠、白蓮花和摩尼寶珠。另外像密教六觀音，每一尊都有經軌所規定的特定手印與持物。即使是民間衍生的三十三觀音，雖無經軌，卻也是持人們熟悉的手勢與姿態。

與願印(Aarada)
布施、贈予、恩惠、接受之印。象徵佛菩薩順應眾生的祈求所作的印相。
右手下垂於膝前，掌心向外。

觸地印 (Bhumisparsa)
「以地為證的印」。這是佛陀成道時所結的印相，能降服一切諸魔，又稱為「降魔印」。
跏趺坐姿，右手下垂於膝前，掌心向內。

轉法輪印 (Dharmacakra)
象徵說法。佛陀初次說法的手勢。
雙手拇指與食指相接，其餘三指微微彎曲，置於胸前。

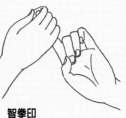

智拳印 (Bodhyagri)
象徵以智慧為力量，觀照一切法界現象。大日如來獨有的手印。
雙手置於胸前，朝胸握拳，左手食指直豎，以右手拳握左食指。

觀音菩薩的一千隻手要怎麼畫？

根據乾隆年間《造像度量經》所寫，觀音千臂的配置由內向外的手臂數目為：中央8，第一圈40，第二圈142，第三圈166，第四圈240，第五圈214，第六圈240，共計1000。

千手觀音的典故

在《千手千眼觀世音菩薩廣大圓滿無礙大悲心陀羅尼經》裡，觀音從千光王靜住如來聽說大悲心陀羅尼咒後，一下子從初地修行被提升到八地，也就是擁有佛一般威神力的修行功德，內心歡喜，便發誓說：「若是我真能如願利益安樂一切眾生的話，那就立刻讓我的身體生出具足的千手千眼！」發誓剛完，觀音的身體果然生出千手千眼，引起十方眾佛都放射光芒，照射在他的身上和十方無邊世界。

千手觀音的儀軌

在經典儀軌中，記載千手千眼觀世音的造像大致可區分為四十二手眼和千手千眼兩種類型：

四十二手：依伽梵達磨《千手千眼無礙大悲心陀羅尼經》譯本，觀音兩眼兩手下，左右再各有二十手，手中各有一眼，共有四十二手眼。四十手眼再配上「二十五有」註，則40 x 25=1000，象徵成千手千眼。

一千隻手：若依《千眼千臂觀世音菩薩陀羅尼神咒經》及《千手千眼觀世音菩薩姥陀羅尼身經》，觀音臉上有三隻眼，有一千隻手臂，每一手掌又都長有一隻眼，是忠實刻畫成千手千眼。乾隆七年工布查布翻譯《造像度量經》，書中對千臂的配置有詳細規定，由內向外的手臂數目為：中央8，第一圈40，第二圈142，第三圈166，第四圈240，第五圈214，第六圈240，共計1000。

無處不應的千手觀音

長出這麼多手臂和眼睛做什麼用呢？觀音有一千隻手，每一隻手掌心又生出一隻眼睛，千手中有千眼，千眼中又現千手，千眼看盡娑婆世界，千手救拔芸芸眾生，連最細微的需求都能得到觀音的照應。

再說觀音只有一千隻手、一千隻眼嗎？可不然，《楞嚴經》

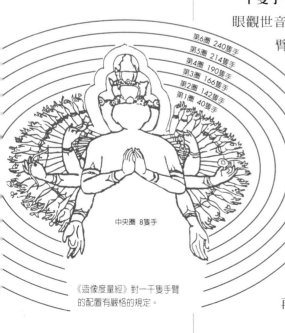

第6圈 240隻手
第5圈 214隻手
第4圈 190隻手
第3圈 166隻手
第2圈 142隻手
第1圈 40隻手

中央圈 8隻手

《造像度量經》對一千隻手臂的配置有嚴格的規定。

裡說，觀世音修證圓通法門，能顯現的奧妙身形至多可至八萬四千個頭、八萬四千隻手和八萬四千隻眼，皆順應時機需要而示現。

千手千眼的象徵意義，聖嚴法師說的很好：千眼象徵無限智慧，能在同時知道全宇宙的眾生的需要。千手象徵大悲願力，即便全世界的人在同一時間一起祈求觀音菩薩，他老人家也能同時以不同方式，救濟眾人。可見觀世音的法力真是無遠弗屆、無微不至！

註　二十五有：指佛教所說的三界二十五因果報應，包括——
　　1. 欲界十四有：四惡趣——地獄、餓鬼、畜生、阿修羅(惡神)；四洲——東勝神洲、南贍部洲、西牛貨洲、北瞿盧洲；六欲天——四天王天、忉利天(三十三天)、夜摩天、兜率天、樂變化天、他化自在天。
　　2. 色界七有：初禪天、二禪天、三禪天、四禪天、大梵天、淨居天、無想天。

娑婆世界

所謂「娑婆」(saha)，意思是堪忍、能忍，因此，娑婆世界又叫做「堪忍世界」，指的就是釋迦牟尼教化的現世世界。娑婆世界有兩重意義：一個是現實世界裡充滿了不堪忍受的苦難；另一個是佛和菩薩在這個世界裡任勞任怨，表現他們的無畏與慈悲。

西藏江孜白居寺千手觀音
15世紀
此千手觀音繪以42手象徵千隻手，手中各握有一種法器。(黃永松提供)

檔案 *20*
千手觀音有多少持物？多少部眾？

觀音有四十二手法器，代表願力無邊，布施無畏。觀音有二十八部眾，這些天兵天將如同一支精良的部隊，護持佛法。

觀音的四十二手持物

千手觀音的持物，依照《千手千眼觀世音菩薩廣大圓滿無礙大悲心陀羅尼經》記載有四十手持物，包括武器、珍寶、法器以及日月、植物等，再加上經中未提及的甘露手和總攝千臂手，共有四十二手持物：

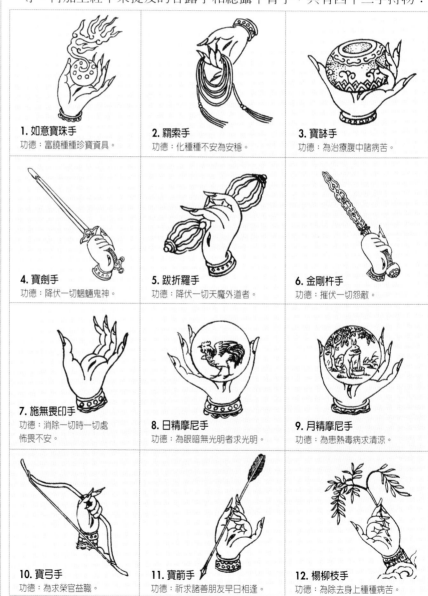

1. 如意寶珠手
功德：富饒種種珍寶資具。

2. 羂索手
功德：化種種不安為安穩。

3. 寶鉢手
功德：為治療腹中諸病苦。

4. 寶劍手
功德：降伏一切魍魎鬼神。

5. 跋折羅手
功德：降伏一切天魔外道者。

6. 金剛杵手
功德：摧伏一切怨敵。

7. 施無畏印手
功德：消除一切時一切處怖畏不安。

8. 日精摩尼手
功德：為眼暗無光明者求光明。

9. 月精摩尼手
功德：為患熱毒病求清涼。

10. 寶弓手
功德：為求榮官益職。

11. 寶箭手
功德：祈求諸善朋友早日相逢。

12. 楊柳枝手
功德：為除去身上種種病苦。

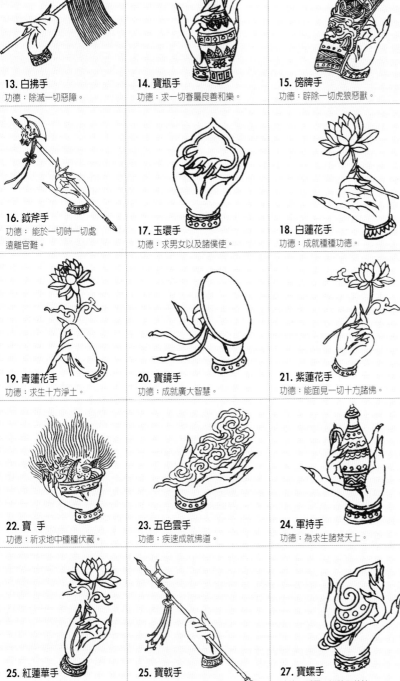

13. 白拂手
功德：除滅一切惡障。

14. 寶瓶手
功德：求一切眷屬良善和樂。

15. 傍牌手
功德：辟除一切虎狼惡獸。

16. 鉞斧手
功德：能於一切時一切處
遠離官難。

17. 玉環手
功德：求男女以及諸僕使。

18. 白蓮花手
功德：成就種種功德。

19. 青蓮花手
功德：求生十方淨土。

20. 寶鏡手
功德：成就廣大智慧。

21. 紫蓮花手
功德：能面見一切十方諸佛。

22. 寶手
功德：祈求地中種種伏藏。

23. 五色雲手
功德：疾速成就佛道。

24. 軍持手
功德：為求生諸梵天上。

25. 紅蓮華手
功德：求生諸天宮。

25. 寶戟手
功德：辟除他方逆賊怨敵。

27. 寶螺手
功德：呼召一切諸天善神。

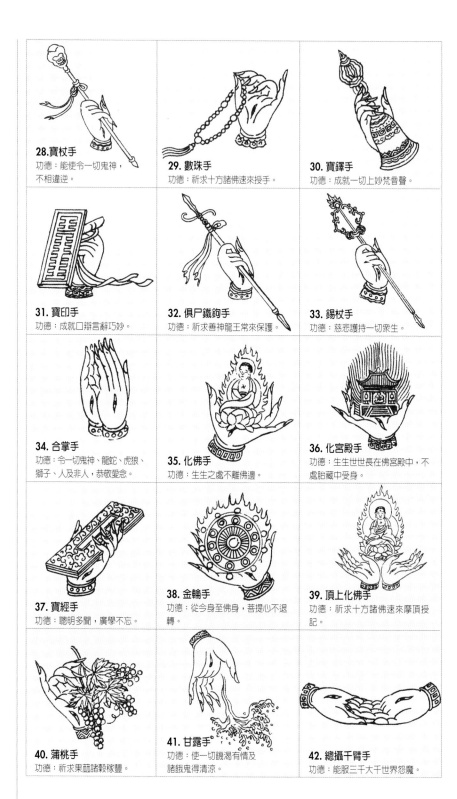

28.寶杖手

功德：能使令一切鬼神，不相違逆。

29. 數珠手

功德：祈求十方諸佛速來授手。

30. 寶鐸手

功德：成就一切上妙梵音聲。

31. 寶印手

功德：成就口辯言辭巧妙。

32. 俱尸鐵鉤手

功德：祈求善神龍王常來保護。

33. 錫杖手

功德：慈悲護持一切眾生。

34. 合掌手

功德：令一切鬼神、龍蛇、虎狼、獅子、人及非人，恭敬愛念。

35. 化佛手

功德：生生之處不離佛邊。

36. 化宮殿手

功德：生生世世長在佛宮殿中，不處胎藏中受身。

37. 寶經手

功德：聰明多聞，廣學不忘。

38. 金輪手

功德：從今身至佛身，菩提心不退轉。

39. 頂上化佛手

功德：祈求十方諸佛速來摩頂授記。

40. 蒲桃手

功德：祈求果蓏諸穀稼豐。

41. 甘露手

功德：使一切饑渴有情及諸餓鬼得得清涼。

42. 總攝千臂手

功德：能服三千大千世界怨魔。

　　以上所提這些持物都屬唐代常用的器皿，宋代以後，千手的持物也逐漸有所變更，並非完全依經軌而造。元代以後千手的持物受到西藏蒙古遊牧民族的影響，有了更大的改變，含意也不盡相同。另外，在藏傳法器中，不但造形和中原不同，象徵的義涵也不同。

觀音的二十八部眾

　　《千手觀音造次第法儀軌》說：「其尊之正面天冠上有三重……第三重有二十八部眾，有各個形。」觀音的二十八部眾分別是：

1. 密迹金剛士
2. 烏芻君荼央俱尸
3. 魔醯那羅達
4. 金毘羅陀迦毘羅
5. 婆馺婆樓那
6. 滿善車缽眞陀羅
7. 薩遮摩和羅
8. 鳩蘭單托半祇羅
9. 畢婆伽羅王
10. 應德毘多薩和羅
11. 梵摩三缽羅
12. 五部淨居天
13. 釋王三十三
14. 大辯功德天
15. 提頭賴吒王
16. 神母女
17. 毘樓勒叉王
18. 毘樓博叉王
19. 毘沙門天王
20. 金色孔雀王
21. 二十八部大仙眾
22. 摩尼跋陀羅
23. 散支大將
24. 難陀跋難陀
25. 修羅、乾闥婆、迦樓羅王、緊那羅、摩睺羅伽
26. 水火雷電神
27. 鳩槃荼王
28. 毘舍闍

日本蓮花王院三十三間堂的觀音二十八部眾塑像
左圖至右圖分別是觀音的部眾：帝釋天王、滿仙人、摩睺羅伽。

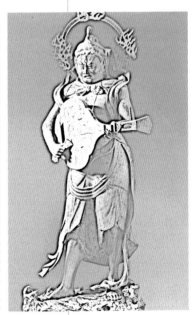

菩薩變身，「三十三觀音」化身人間說法佈教！

觀音菩薩應眾生的需求，化身人間示現的變身，據經典所記錄就有三十三種之多，未來還不知有多少新的應化身呢！

三十三觀音的由來

順應娑婆世界眾生的需求，在不同時代、地區，觀音菩薩往往會形成某些固定的形象。最有名的像是手拿楊枝淨瓶，以甘露滋潤悲苦眾生的楊柳觀音能救病苦。身披白色長袍的白衣觀音能保平安。這樣的觀音形象不只一、二個而已，流傳的三十三觀音就是這類觀音身形的集結。

民間「三十三觀音」所說的觀音化身，大部分沒有經典依據，卻因為各種靈驗、救苦救難的事蹟而深受人們喜愛。其他像《阿娑縛抄》有二十八觀音，《千光眼觀自在菩薩祕密經》有二十五化身或四十觀音，西藏經典有三十八化身等等，也都是這類觀音示現的記載。

現代社會的需求千奇百怪，災難無奇不有，若是碰上飛機空難、摩天大樓失火等等現代災難，因著觀音菩薩的大願力，也許還會出現太空超人救機救火的變身示現，到時觀音的變身可就不只這三十三觀音了！

觀世音化身的真正意義不在於到底有多少種變身，而是了解觀音願力、法力的無限。觀世音的目的是尋找眾生，向他們說法，讓他們了解如何解脫生死輪迴，而化現神力只不過是完成使命的工具罷了。

三十三觀音是指誰？

「三十三觀音」相當流行於中國、日本民間，根據《佛像圖彙》所描繪的觀音形相包括：

1. 楊柳觀音：右手持蓮，左手放掌於胸前或拿淨瓶。
2. 龍頭觀音：乘龍頭在雲端，教化天龍的化身。
3. 持經觀音：坐嚴石上，右手持經，左手置膝。
4. 圓光觀音：在圓光火燄中，合掌坐於岩石。
5. 遊戲觀音：乘坐五彩雲，左手置偏臍處，做遊戲相。
6. 白衣觀音：著白衣，手結定印，跏趺坐於軟草石頭上。
7. 蓮臥觀音：合掌，坐於池中蓮花座上。
8. 瀧見觀音：又名飛瀑觀音，倚於斷崖上觀瀑布。
9. 施藥觀音：右手掌頰，倚於膝上，左手插腰。
10. 魚籃觀音：手提裝魚的籃子，亦有乘坐大魚背。

11. 德王觀音：趺坐岩石上，右手持綠葉一枝，左手置膝上。

12. 水月觀音：在月光下乘蓮華舟於海上。

13. 一葉觀音：乘一片蓮華，漂蕩水面。

14. 青頸觀音：坐在斷崖邊，右膝立起，右手放右膝上，左手扶崖壁。

15. 威德觀音：右手著地，左手持蓮華，在岩上觀水。

16. 延命觀音：倚於水岸岩邊。能除諸毒害壽命之物。

17. 眾寶觀音：右手著地，右足伸展，左手置於立著的膝上。

18. 岩戶觀音：端坐於岩石洞窟內。

19. 能靜觀音：佇立海邊岩石上，作寂靜相。

20. 阿耨觀音：左膝倚背在岩石上，兩手相交，遠眺海面。

21. 阿麼提觀音：即無畏觀音，左膝倚於岩上，二手置於膝上。

22. 葉衣觀音：坐於有草的岩上。

23. 琉璃觀音：別名高王觀音，乘一葉蓮花瓣，輕飄於水面。

24. 多羅尊觀音：又稱為救度母，直立乘於雲上。

25. 蛤蜊觀音：相傳唐太宗石蛤蜊，刨而不開，焚香祈求，忽然蛤唎變做菩薩。

26. 六時觀音：右手持經篋的立像。

27. 普慈觀音：雙手千法衣垂於前方，立於山岳之上。

28. 馬郎婦觀音：觀音化身美麗女子勸大家學佛，以手提魚籃為主。

29. 合掌觀音：立於蓮台，虛心合掌勢。

30. 一如觀音：坐於雲上之蓮花座，樹立左膝豎有降伏雷電之姿。

31. 不二觀音：乘坐浮於水面的蓮葉。

32. 持蓮觀音：乘蓮葉，兩手持蓮花，顯現童男童女之體。

33. 灑水觀音：右手持瓶作灑水之相者。

救渡「六道」眾生，菩薩變身「密教六觀音」以方便渡化！

觀音最有名的化身是「六觀音」，這是觀音在渡化六道眾生時，隨機緣應化所產生的六種形象。

什麼是「六道」？佛教將眾生分為六類：天、阿修羅、人、畜生、餓鬼以及地獄。眾生在這六道中輪迴，痛苦掙扎。觀音便以不同化身，往來於六道輪迴之中，解救沉淪的眾生。這樣的觀念在中國天台宗以及中國、日本的真言宗都有傳承。六觀音的造型豐富多變，卻也是漢地觀音造像中，唯一嚴格守儀軌造像的系統。

●聖觀音

梵文：Avalokitesvara
又名：正觀音，是六觀音的總體。
密號：正法金剛、清淨金剛
重要經典：《觀無量壽經》
造像：1面2臂，手持蓮花或寶瓶，頭戴寶冠，冠上有化佛。
渡化對象：畜生道

聖觀音 御室版胎藏曼荼羅蓮花部院

●千手觀音

梵文：Sahasra-bhuja- Avalokitesvara
又名：千手千眼觀世音、千眼千臂觀世音
密號：大悲金剛
重要經典：《千手經》、《祕藏記》、《楞嚴經》
造像：　❶ 11面42手：中央兩手合掌，其他20手成環狀。40手持物。冠中有小化佛。
　　　　❷ 27面42手：中央兩手合掌，其他20手成環狀。40手持物。冠中有小化佛。
　　　　❸ 1面18手：中央兩手合掌，另兩手仰掌置於臍前。其他14手持物。1面3眼，冠上有小化佛。
渡化對象：地獄道

元代千手千眼觀音 臨摹自敦煌莫高第3窟壁畫

●十一面觀音

梵文：Ekadasa-mukha
又名：大光普照觀音
密號：慈愍金剛
重要經典：《十一面觀音神咒經》、《十一面經》
造像：　❶ 11面 2臂：前三面菩薩面、左三面忿怒貌、右三面菩薩面、後一面大笑、頂上一面佛臉。左手持寶瓶，瓶中出蓮；右手持瓔珞，並施無畏印。(依《佛說十一面觀音神咒經》)
　　　　❷ 11面 4臂：左邊第一手持蓮，左邊第二手持寶瓶，右邊第一手持念珠，右邊第二手施無畏印。(依《十一面經》)
　　　　❸ 11面 2臂：面相有其他組合排列。
渡化對象：阿修羅道

十一面觀音 初唐 敦煌莫高第 334 窟東壁

●馬頭觀音

梵文：Hayagriva
又名：師子無畏觀音、馬頭明王、馬頭大士
密號：噉食金剛、迅速金剛
重要經典：《陀羅尼經》
造像：　頭戴白馬頭，呈忿怒相，有3面8臂、4面2臂、4面8臂。持物多樣，如蓮花、寶瓶、數珠、斧、索。關鍵識別物是頭上有馬頭。
渡化對象：畜生道

馬頭觀音 19世紀 (鄭松壁提供)

六道	真言宗	天台宗
天道	如意輪觀音	如意輪觀音
阿修羅道	十一面觀音	十一面觀音
人道	準提觀音	不空羂索觀音
畜生道	馬頭觀音	馬頭觀音
餓鬼道	聖觀音	聖觀音
地獄道	千手觀音	千手觀音

六觀音救渡六道表
不同宗派間，救助六道的六觀音也略有不同。

●準提觀音

梵文：Cundi，原本是印度教濕婆神神妃朵喀女神的另一個名字。朵喀女神能手中揮舞眾多武器，粉碎敵人。準提觀音便採借了這樣的造型與屬性。

又名：準提佛母

密號：最勝金剛

重要經典：《七俱胝佛母準提大明陀羅尼經》

造像： 以3眼18臂最常見。主要2臂轉說法印、禪定印，右8臂分別施無畏印、持念珠、劍、果、斧、鉤、金剛杵、寶鬘，左8臂分別持寶幢、蓮花、澡瓶、索、輪、螺、賢瓶、經篋；有二龍王守護。

渡化對象：人道

準提觀音 明代 台北故宮藏

●如意輪觀音

梵文：Cintmani-cakra

密號：持寶金剛 (因手持如意寶珠與寶輪)

重要經典：《觀世音菩薩如意摩尼陀羅尼經》

造像： 有1面2臂、4臂和6臂造形。1面6臂者：金身頭戴寶冠，冠上有化佛。第一右手作思惟相，第二右手持如意寶珠，第三右手持念珠；第一左手按光明山，第二左手持蓮花，第三左手持寶輪。(依《如意輪瑜伽念誦法》)

渡化對象：天道

如意輪觀音 御室版胎藏曼荼羅蓮華部院

●不空羂索觀音

梵文：Amogha-pāśa (Amogha 是「不讓它空」的意思，pāśa 是「繩索」或「羂索」。合起來是「不會失敗的繩索」，喻意不空羂索觀音以所持的繩索，綁住眾生的缺點，讓人克服缺點而達到成就。

又名：不空王觀世音菩薩、不空廣大明王觀世音菩薩、不空悉地觀世音菩薩

密號：等引金剛

重要經典：《不空羂索神變真言經》

造像： 常見者有1面3眼8臂 (或2、4、臂)、3面3眼6臂 (或4、8、10臂)。註冊標記是三隻眼睛。最重要持物是羂索，其他包括蓮花、水瓶、寶珠、三叉戟、劍、杖、鉞等。

不空羂索觀音

慈悲的觀音菩薩爲何會現忿怒像？

你見過這樣的觀音嗎？一個頭三隻眼睛，全身赤紅(黃)，怒髮衝冠，臉露忿怒兇猛，嚴厲的眼珠子直瞪著你，一點兒也不慈悲，還讓人感到恐懼害怕。有人說，佛教講慈悲，爲什麼會有這麼威嚇可怖的忿怒尊呢？膽小的人豈不被嚇到嗎？

忿怒尊是觀音的另一種化身，稱爲馬頭觀音，或叫馬頭明王[註1]，是佛教裡重要的護法神。對於那些貪瞋癡特別重、冥頑不靈的人，觀音會用忿怒威德降服他們。誰的內心瞋惡最多，觀音的樣子比他更瞋惡；誰最愛忿怒生氣，觀音比他更忿怒難看！其實，馬頭觀音是面惡心善的好菩薩，他的角色就好像嚴厲的教官，壞學生見了會害怕。

馬頭觀音所象徵的意義是因材施教，針對軟弱冥頑人的性所施予的教法，示現的本質仍是觀音的悲憫。

密教認爲，宇宙諸佛可顯現三種身：自性輪身、正法輪身和教令輪身。忿怒相的馬頭觀音屬於教令輪身。

自性輪身是諸佛的眞身，像大日如來、阿彌陀佛。正法輪身是諸佛爲了教化世間而顯現的菩薩身，像文殊菩薩、虛空藏菩薩等，他們以正法渡人。而教令輪身指的是奉佛尊的命令、指示而顯現的化身。馬頭觀音便是奉了佛的指示，顯現忿怒尊來教化世間的貪愚者。

《大日經疏》裡說：「於觀自在菩薩下，置何耶揭唎婆，譯云馬頭⋯⋯手髮如獅子項毛，做極吼怒之狀。此是蓮花部忿怒持明王也。」

馬頭觀音，頭戴馬頭，如轉輪聖王的寶馬，奔馳威伏四方，他能降伏惡魔，吃盡世間的無明障礙。他在中、日盛行的「密教六觀音」中，掌畜牲道，又叫師子無畏觀音，密號噉食觀音、迅速觀音，也是密教八大明王之一[註2]，有多種形象：一面二臂、一面四臂、三面二臂、三面四臂、三面八臂、四面二臂、四面八臂。

馬頭觀音 19世紀
忿怒的馬頭觀音是密宗佛教裡的護法神，特別針對貪瞋癡特重、冥頑不靈的人所做的示現。(鄭松璧提供)

註1　明王：梵文 Vidya-raja，意思是破除愚妄的光明智慧。
註2　八大明王：八大明王是由八大菩薩轉化而來，其他七位明王分別是七位菩薩轉化而來：金剛手菩薩──降三世明王，文殊菩薩──大威德明王，虛空藏菩薩──大笑明王，彌勒菩薩──大輪明王，地藏菩薩──無能勝明王，除蓋障菩薩──不動明王，普賢菩薩──步擲明王。

「十一面觀音」為何會有十一張不同的臉？

上圖：十一面觀音 宋代 敦煌莫高第76窟
漢地的十一面觀音，最常見的是四層排列造型。

下圖：十一面觀音
5世紀末-6世紀初 印度甘赫瑞石窟中的第41窟
這是目前發現最早的十一面觀音，呈二臂形式，十一面容以五層堆疊。

在漢地，這代表菩薩修行的十個果位，與最後十一地的佛果；在藏地，十一面觀音則意味著密宗五部與五方佛的概念。

十一面的意義

觀音能隨時隨地現「眾多妙容」，但為什麼要同時顯現十一張臉？

十一面觀音的面部排列到底隱藏著什麼玄機？不同信仰地區有不同的解讀。

漢地盛行的十一面觀音，形制多樣，採單層、雙層、三層或四層等不同模式排列，最常見的是四層排列造型，分別顯現慈相、瞋相、白牙上出相和暴笑相。有說這多出來的十個面，代表大乘菩薩修行的十個階段，分別是布施、持戒、忍辱、精進、靜慮、般若、方便善巧、願、力、智等，稱為「十地」。主面代表最後第十一地佛果。

西藏的十一面觀音則將十一面分成五層堆疊，宛若金字塔造型。這些面容既象徵法身佛、報身佛與應身佛，同時也完整表達密宗五部與五方佛的義理。最上層（第五層）是紅膚的阿彌陀佛，象徵來自於西方的蓮華部，並代表「法身佛」。緊接著（第四層）是藍膚的怒目金剛手菩薩，代表「報身佛」，身上的藍膚，作為調伏之色。接下來的三層，每層三面，都是黃、白、綠三色交替變化的「應身佛」；此三色當黃色居中時，象徵寶部，白色居中代表佛部，綠色居中則代表業部。由上而下五層，完整表達五部，顏色的代表意義也與五方佛一致。

最早的變化觀音

在造像歷史上，十一面觀音還有一項重要意義：這可能是最早出現的變化形觀音，也就是從一首二臂的常人模式，開始轉變成多首多臂的非人模式。目前發現最早的十一面觀音是二臂形式，年代在西元5世紀末，以印度馬哈拉斯特省（Maharastra）的甘赫瑞（Kanheri）石窟中的第41窟為代表。

來自古老的吠陀信仰

十一面觀音信仰的源頭很古老，採借於古印度吠陀時代的信仰。先來說說「十一」這數字的由來。古吠陀時代，天、空、地三界有三十三神，天界、空界、地界各配置十一個神。十一面觀音的數字可能是由此

概念攝取而來的。

　　另有較具體的說法是，十一面觀音來自婆羅門教裡的十一面荒神 (Ekadasa-rudra)。十一面荒神不但有十一張臉，而且可以現二臂、四臂、八臂等形象，彷彿十一面觀音。荒神有一千隻眼，肚子黑黑的，有著青色的脖子，全身褐色，穿著金裝，披長髮，手持弓箭，平日住在深山裡。荒神的脾氣很大，一旦發怒，便以霹靂箭濫殺人畜，損傷草木，人們極為懼怕，都敬而遠之。不過，他並不算是個惡神，也有善良的一面，後來變成一個大善神，能為人畜治療疾病。這位荒神真是一位古老的神，到了後來，變成印度教的最高神祇濕婆神。濕婆神有一千零八個名字，其中一個叫做「十一最勝」，也就是十一面。

西藏鎏金十一面觀音菩薩立像
17-18世紀　鴻禧美術館藏
藏傳十一面觀音分五層堆疊，造型宛若金字塔。

檔案 *25*
大半個亞洲都信奉觀音？

沒錯，大半個亞洲都信奉觀音，而且目前已逐漸擴張到歐美地區，經典上說觀音是與人類世界因緣最深的菩薩，為什麼有這麼多人願意親近他？

　　在印度，觀音被描繪成是尊貴王子的形貌，與彌勒菩薩並立為佛陀的侍從。

　　在高棉、柬埔寨，觀世音被稱為「世自在」，是宇宙至高的主宰。

　　在緬甸、泰國，觀音號稱「世主」，是世間的守護主。

阿富汗

巴基斯坦　尼泊爾觀音

德里

西藏

西藏觀音

尼泊爾

不丹

孟加拉

雲南觀音

印度

緬甸

越南

孟加拉灣

寮國

泰國

阿拉伯海

高棉

印度觀音

莫科林岬角

斯里蘭卡

印度洋

馬來

在印尼、馬來西亞、新加坡，觀音被視為保平安的海神。

在斯里蘭卡，觀音是「神主」。

在雲南，觀世音是統治國家的無上君王。

在西藏，觀音是雪國的守護神，達賴喇嘛就是四臂觀音轉世化身，大寶法王也是觀音轉世。

至於在中國以及日本、韓國地區，觀音是一位慈悲如母的女神，有求必應，庇護苦難眾生。

中國觀音

韓國

日本

韓國觀音

台灣

太平洋

日本觀音

南中國海

菲律賓

高棉觀音

觀音在亞洲的分佈概況

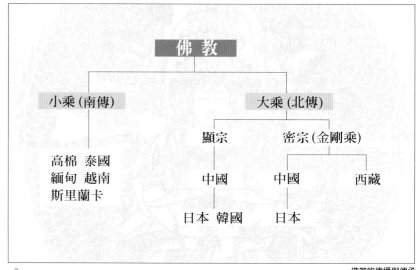

佛教的傳播與傳承

觀音的足跡

觀音信仰是隨著大乘佛教的腳步而到達亞洲各地。

佛教在西元前六世紀發軔，在西元1世紀出現了大乘佛教，從此與原始佛教(或稱小乘佛教)並存發展。到了西元5、6世紀，受到含族(Huns)的侵略，佛教在印度逐漸式微。12世紀末，受到回教徒入侵，佛教因而僅存在於印度南部，取而代之的是印度教盛行；13世紀，回教軍隊攻陷了最後一處佛教王國孟加拉，造成印度佛教徹底滅亡。

儘管佛教在印度衰微，卻在印度以外的亞洲世界大大擴展。小乘佛教傳入了斯里蘭卡以及泰國、緬甸、高棉等中南半島地區，因此又稱為「南傳佛教」。大乘佛教則由喀什米爾出發，傳布到希臘諸國(今巴基斯坦北部和阿富汗)，接著來到伊朗世界的邊境，隨著當時重要的東西方貿易要道絲路，到達中亞綠洲，再經由此處傳入中國、西藏、等地，又稱為「北傳佛教」。大乘佛教又分支成顯宗與密宗。顯宗是指在中國、日本、韓國等東亞地區發展的佛教，密宗則主要涵蓋西藏以及中國、日本等地區。

觀音信仰為何能歷久不衰？

隨著綿延萬里的傳播道路，觀音的足跡遍佈了大半個亞洲，成為東方世界無人不曉、威望傳奇的慈悲大神。即便到了20世紀，透過東方

移民以及中國逃難僧侶的傳播，觀音信仰足跡也到達歐美各地，被西方人士所接納。

　　為什麼觀音信仰能在不同時代、不同的地區廣受歡迎？即使佛教曾在印度滅亡過，卻大大盛行於其他文化地區，這是什麼原因？許多學者認為，這與佛教信仰的包容性與可塑性有關。當佛教與異文化相遇，總能涵容在異文化的信仰文化中，並不排拒當地原有的信仰。例如佛教傳入中國後，與儒家、道家兩大思想產生互動，形成中國特色的佛教信仰；佛教進入西藏的初期，與當地原始宗教苯教相結合而擴展。觀音信仰就在這樣的佛教傳播脈絡中擴展開來，成為最受歡迎的信仰。

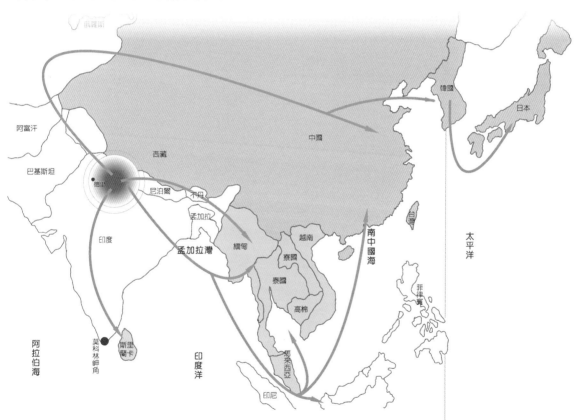

佛教傳播分佈圖
佛教從發軔地印度向外傳播，主要分二支脈：綠色部分代表小乘佛教的主要分佈地區，包括斯里蘭卡以及中南半島國家；灰褐色部分是大乘佛教分佈的西藏、中國、日本和韓國等地區。

觀音菩薩最早的記錄出現在哪裡？

觀音信仰最早可追溯至西元二世紀的古印度，我們可以從當時的經典以及考古遺跡得到諸多印證。特別是當時遺留下來的蓮華手菩薩、佛三尊像等觀音造像，都是人類珍貴的文化遺產。

最早的經典記錄

最早的觀音記錄要溯自西元185年，西域人支曜漢譯佛典《成具光明定意經》裡，首次提到「觀音」這個名號。另外，西元228年支謙譯《方等首楞嚴經二卷》；252年康僧鎧譯《無量壽經二卷》，都是在西元2、3世紀中國所翻譯出來的，有的述說觀世音信仰，有的列有觀世音名字，這些原典在中國翻譯以前已存在印度，說明觀音信仰在西元2世紀左右已存在印度地區。

佛三尊像
1-3世紀 印度阿占塔石窟
印度早期三尊像中，主尊是釋迦牟尼佛，兩旁分別是觀音與彌勒菩薩。由於年代久遠，雕像斑剝難辨。（鄭永華攝）

考古上的蛛絲馬跡

目前遺留下來最早的觀音造像是西元2、3世紀的印度「佛三尊像」，中央是坐佛，兩旁侍立觀音與彌勒菩薩。另外，在現今印度阿占塔(Ajanta)、伊洛拉(Ellora)等古老石窟藝術中，也還保存許多四至六世紀的蓮華手菩薩，也就是觀音原始的形象，顯見在西元二到六世紀期間，觀音信仰普遍盛行於印度。

西域遊記的見證

從西元3世紀起，不少的中國朝聖者或旅行家沿著沙漠綠洲來到西域求法，其中最有名的法顯大師和玄奘大師，都曾在他們的遊記裡提到印度觀音信仰。

東晉的法顯大師在5世紀初(400-416)遊歷印度，親眼目睹觀音信仰的盛況時說，在中印度有名的佛像製造中心秣菟羅(Mathura，位於印度河附近)，看到許多大乘信徒供奉觀音以及文殊菩薩。他在《佛國記》裡記載：「諸比丘尼多供養阿難塔，以阿難請世尊聽女人出家故，諸州彌多供養羅云。阿昆曇師者，供養阿昆曇，律師者供養律，年年一供養，各自有日。摩訶衍人則供養般若波羅蜜，文殊師利，觀世音等。」摩訶衍人就是大乘佛教徒，由此可看出觀音受大乘教徒供養，而且當時已有觀音雕像供人禮拜。

當法顯結束印度之旅，搭商船經由南洋回國的時候，曾兩次一心持念觀音聖名，祈求救援。第一次是他所乘的商船遇大風破損，船隻漏水，命在旦夕。第二次是船隻遭黑風暴雨襲擊，船上乘客驚恐萬分。有些乘客認爲這都是法顯帶來的厄運，提議把他投入水中，幸虧一位信士出來主持公義，他的生命得以保全。

另一位傑出的的梵典翻譯家及印度旅行家玄奘大師，在西元 7 世紀前往印度取經，也曾記錄下印度地區供奉觀音聖像的國家，包括：北印度的烏仗那國、迦濕彌羅國、迦畢試國；東印及中印的羯若鞠闍國（曲女城）、摩揭陀國(羅釋迦伽藍，菩提伽耶，菩提樹側，那爛陀，迦布德迦伽藍附近之孤山，伽摩縷波，及在奔那伐彈那國之跋始婆僧伽藍；南印度的馱那羯磔迦國 (亦稱大安達邏國)，至普羅城及秣剌耶山；西印度的摩訶剌侘（孟買地區）。

玄奘還說，當時的信徒們能親睹菩薩的示現。有一次觀音現身於海外的錫蘭，爲了在鏡中看見觀音聖像，印度國王遣人往印度四處搜尋此像。結果他們找到手執蓮華、頂上有化佛的觀音像，帶回來，國王便建了一座精舍來供獻觀音。後來印度國王們在這精舍內繼續供奉觀音。至於玄奘他自己，在險惡的西行路途中，更曾三番兩次祈求觀音護佑，終能平安到達印度。這全都記載在玄奘的遊記《大唐西域記》一書中。

蓮華手菩薩
5世紀 印度阿占塔石窟
這是阿占塔第一窟佛堂內主尊的二位脅侍菩薩之一，是阿占塔壁畫的經典作品。觀音頭戴高冠，五官俊美，身軀擺動，珠寶綴身，是典型的笈多時代風格。(鄭永華攝)

觀音信仰爲何隨大乘佛教而盛行？

大乘與小乘

大乘與小乘是佛教教派的名稱。小乘佛教又稱為「原始佛教」，即釋迦牟尼創立佛教的直接傳承。大乘佛教是在西元一世紀在印度本土所產生的新教派，當印度佛教逐漸衰微之後，大乘佛教反而在亞洲地區蓬勃發展。

所謂「乘」就是「車」的意思，按照大乘佛教的說法：「小乘佛教」注重個人修證，是自利的，如小車不能坐誠載別人，所以稱為小乘佛教。反之，「大乘佛教」不但求自己成佛，還要普渡眾生，即自利利他，如同大車子一般，可以乘載眾人。

再者，小乘認為釋迦佛陀是歷史上的超凡聖人，告訴人們獲得生命智慧的道路；大乘則將佛陀神化，認為宇宙間不只這一個佛陀，還有其他佛陀存在。

在信仰分佈上，小乘分佈以中南半島為主要地區，大乘以東亞地區最盛。

佛三尊像 4-6世紀 印度阿占塔石窟
中間為釋迦牟尼佛，兩旁分別是觀音菩薩與彌勒菩薩。(鄭永華攝)

觀音信仰的普遍化，是隨著重視菩薩行的大乘佛教而來；同時因爲大乘佛教徒鼓勵爲佛、菩薩造像，所以觀音信仰得以傳播開來。

釋迦牟尼在西元前5、6世紀所創立佛教，經過數百年的發展，佛教思想逐漸產生了一些變化。到了西元1世紀，一個新的佛教派別誕生了，就是大乘佛教。

大乘佛教有許多思想都是早期佛教中從未出現的，最重要的觀念之一就是菩薩：宇宙中有成千上萬佛，釋迦牟尼佛只是其中的一位佛，而每一個人都可以追求成佛。在成佛道路上，大家都要修菩薩道，不但要自己追求成佛，還要有慈悲心，救渡眾生解脫。

觀音所象徵的正是佛陀的慈悲，要來渡化眾生，因此，在大乘思想的催化下，觀音被視爲理想的菩薩形象，廣爲人們所接受。再加上，當時大乘佛教積極鼓勵信徒製造、供養佛像，以累積功德、福報，使得印度某些地區開始造佛像，特別是佛陀像與菩薩像最受喜愛，其中當然也

包括了觀音像。

　菩薩觀念加上造像風氣盛行，觀音信仰的傳播便越來越廣遠了。特別是位在印度西北部及中部的貴霜王朝，西元 2 世紀迦膩色迦王在位時，開創了印度有史以來佛教造像的第一個興盛期，也為我們保留了最古老的佛像藝術。這些佛像藝術中也頻繁地發現蓮華手菩薩造像，以及佛陀、觀音與彌勒菩薩三尊像造像，顯見觀音信仰在當時確實已已普遍為印度人們所接納、信仰，可謂相當古老。

早期印度佛教以石輪來象徵佛陀說法。

佛像的起源

　早期的佛教是不准造立佛像的。早期佛教徒認為佛是超凡聖人，所謂「佛身不可量」，佛的形象是無法用語言文字和圖像來描繪傳達的。但是為了紀念佛陀，可以使用一些象徵性的聖物來表現佛陀的生平事蹟。例如用菩提樹來表示佛陀涅槃，用石輪來表示佛陀說法。

　到了西元 1 世紀，大乘佛教興起，終於打破早期佛教的禁忌，鼓勵造立佛像，從此印度佛教思想與希臘造型藝術結合，大量造像，創造出繁華瑰麗的佛教藝術世界。

貴霜王朝

　貴霜王朝是西元 1 世紀月氏人在印度西北和北部所建立的王國，到了第三代的迦膩色迦王，國勢非常強大，版圖遍及蘇俄南部以及大部分的阿富汗、巴基斯坦。

　迦膩色迦王是一位虔誠的佛教徒，在他的支持下，印度佛教興盛，廣建佛教寺院、雕刻佛像。當時的貴霜王朝有兩個佛像製作中心，一個是犍陀羅，在目前巴基斯坦西、北部和東阿富汗一代；另一個是秣菟羅，位於北印度雅姆那河畔。由於兩個中心的歷史背景不同，因此在造像上有迥異的表現。今天，不論是斯里蘭卡、中國、西藏或日本等佛教信仰地區的佛像藝術，都是以這時期的造像為基礎而產生；我們仍可以在古印度遺蹟或博物館裡欣賞到這個時期的佛像藝術。

印度貴霜王朝兩個重要的造像重鎮

迦膩色迦王雕像
2 世紀 印度秣菟羅
手握兵器，腳穿長靴，威風凜凜。

觀音造型是由印度濕婆神的造型轉化而來？

濕婆是印度教的神祇，象徵破壞與再生的力量，為何許多觀音造型是採借於他呢？

濕婆是宇宙的破壞之神

古老的印度教有三大主神，他們是梵天、毗濕奴和濕婆。梵天，梵文Brahma，是創造神，負責宇宙萬物的創造，當然也包括一切魔鬼、惡人、災難的創造；毗濕奴，梵文Visnu，是保護神，負責保護宇宙運行；濕婆神，梵文Shiva，是破壞神，他要在每個劫末來臨時，毀滅宇宙和眾神。每個星際宇宙的生滅循環都要靠他們三位分工合作而達成。

三位神祇中，人們最崇拜濕婆神，因為濕婆神所擁有的破壞力，也象徵著再生、創造；再者，濕婆神無所不在，可以化身各種形式出現，是最偉大的神。濕婆有一千零八個名字，如大自在(摩醯首羅Maheshvara，是知識之神)、摩訶迦羅(Mahakala，是時間之神)、十一最勝、青頸者等等，都是他的名號。他同時也是舞蹈之神、創造之神。

傳說中的濕婆神有一頭亂髮，三面四臂，臉上有第三隻眼睛，頸項上掛著骷髏，一隻手裡托著破壞的火燄，另一隻手握著鼓動創造的兩面鼓，身體纏繞著三條毒蛇作為武器，腳下踩惡魔阿帕斯瑪羅(Apasmara)的身上，跳著死亡之舞，表示幻象世界的毀壞。

濕婆神住在恆河邊上的瓦拉那西(Varanasi)，又稱為濕婆之城，任何在此地去世者，即使背負惡業，也都可以透過死亡直接到達濕婆之處。數千年來，無數人們來到此聖城朝聖沐浴，分享神聖恩寵。

濕婆神 印度伊洛拉石窟
濕婆神是印度教三大主神之一，是世界的破壞、毀滅之神，多手多臂，化身無數。(鄭永華攝)

觀世音採借了濕婆神的特徵

在諸多觀音菩薩的變化法相中，我們可以發現有多位都可以找到採借自濕婆神身影

的元素，包括千手千眼觀音、十一面觀音、不空羂索觀音以及青頸觀音。

千手觀音的梵名 Sahasra-bhuja- Avalokitesvara-Bodhisattva，其中 Sahasra-bhuja 是指千眼聖者。在印度神話裡，有數位千眼聖者，如濕婆神、毗濕奴，而千手觀音的千眼便是採借自這些千眼聖者的造型。

不空羂索觀音，以三面四臂造型為主，臉上的第三隻眼是濕婆神的註冊標誌。另外，描述不空羂索觀音最古老經典《不空羂索經》，把不空羂索視同大自在 (摩醯首羅 Maheshvara)，這也是濕婆神的別名。

至於青頸，是濕婆神的另一個名字，其由來還有個精彩的傳說：

一回，眾神聽從保護神毗濕奴的指示，收集所有植物和種子，投入乳海中大力攪拌，製造甘露。正當眾神協力攪動乳海時，和須吉龍王受不了苦，忽然從口中流出毒藥。濕婆神看到了十分焦急，怕毒藥污染乳海，把整個宇宙給燒燬，於是毫不猶豫的伸手接起毒藥，一口吞下。濕婆神靠著自己超凡的法力，保住了性命，但脖子被毒藥燒成青色的，所以濕婆神又叫做青頸。

除了濕婆神之外，我們還可發現觀音有其他古印度神祇的影子，像印度古代梨俱吠陀中的創造神話〈原人讚歌〉(Purusha Sukta)中說：「原人 (Purusha) 有千頭、千眼和千足。他從各方抱擁世界，仍有十指超乎宇宙之上。」不就像千手千眼觀音的模樣嘛？再者如保護神毗濕奴為了拯救眾生，有九種化身，包括魚、烏龜、野豬、獅子、侏儒及種種人形，甚至有百十二，十五，二十二，二十三等化身，聽起來也好像是觀音的三十三化身。

佛法的方便與包容

佛教是極具包容性的宗教，大乘佛教更是如此。當大乘思想剛萌芽時，在當時的時空環境下，為了推動佛法，包容、吸收、融合了其他的宗教與思想，其中自然也包含了印度教以及古代吠陀思想。許多古印度神祇在這過程中被轉化、納入大乘佛教信仰體系，成為佛教神祇，像梵天到了大乘佛教，變成護法神；或是經由選擇性的元素採借，塑造新的神祇形象，像觀音就是一例。

接受這種見解並不是矮化或醜化大乘佛教，更不會影響人們對大乘佛教以及觀音菩薩的敬仰。其間所傳遞的是佛法透過人間各種方便，廣渡眾生的慈悲精神。

西藏佛教的興起與兩位公主
有著密切的關係？

中國史上著名的文成公主將漢傳佛教帶到西藏，同時尼泊爾的赤尊公主也自家鄉帶來佛法，兩人一起影響藏王松贊干布使他皈依佛法，成爲提倡佛教的君主。

唐代文成公主像
西元7世紀，文成公主下嫁松贊干布王，帶著釋迦牟尼佛等身像以及經書入藏，對西藏佛教傳播功不可沒。此像目前供在拉薩大昭寺中。

從首位佛教君王說起

觀音信仰如何傳入西藏？這要從西元7世紀吐番的松贊干布王 (Songtsen Gambo，約 627-649 在位) 說起，那是藏族歷史上最輝煌的時期。

西藏，古稱吐番。吐蕃雅隆王朝第三十三代首領松贊干布以過人膽識，在青康藏高原上結束了長期以來的分裂局面，大拓疆土，建都拉薩，首度成爲一統的強大王朝。

年輕的松贊干布有著滿腹的雄才大略，與強鄰聯姻結盟是他穩固江山的外交策略，因此，他先後迎娶了尼泊爾的赤尊公主以及中國大唐的文成公主。這兩個公主來自佛教信仰興盛的文明地區，入藏時分別帶來了阿閦如來、釋迦牟尼佛等佛像、經卷、法物和數位僧尼。傳說松贊干布王在兩公主的影響下，皈依了佛法。同時，派遣了十六位大臣去印度學習佛法，回藏後，創立新藏文，翻譯大批經典，教育民眾，成爲大力提倡佛教的君主。這是佛教大規模傳入西藏的發軔。

西元8世紀中葉，犀松德贊王在他印度佛教上師寂護(Shantarakshita)的建議下，迎請蓮華生大士(Padma Sambhava)入藏弘法，蓮華生大士是印度著名的密宗瑜伽軌範師，他入藏後運用神通征服惡魔，協助建立佛教。

古格王朝振興佛教

佛教在西藏歷史上並非就此一帆風順，往後還歷經各種阻力，特別在西元9世紀經歷郎達磨王滅佛運動後，西藏佛教文化幾乎消滅殆盡，加上當時政爭戰亂不已，西藏又回到群雄割據的分崩狀態，宛如黑暗時期。

直到10世紀末，西藏西部阿里(Ngari)地區建立了著名的古格王朝。古格王朝的統治者開始致力於重振佛教。古格王朝第二世主科日(Tsenpo Khore)，在位時出家爲僧，法名益希沃(Yeshe O)，他體會到佛法迫切需要，於是採取兩個行動：遣送二十一名西藏少年前往喀什米爾剃度求法；隨後邀請阿底峽尊者來藏地弘法。由於阿底峽以及藏地僧侶

的努力不懈，藏傳佛教終於實現了教理的體系，進入了弘法坦途。往後更出現了寧瑪、噶舉、薩迦和格魯派等教派。

來自恆河流域的佛教，經過藏民族一千年的吸收，終於發展成一個具有濃郁地域特色的藏傳佛教，是大乘佛教的重要支派。

觀音是藏傳佛教的重要信仰對象

從松贊干布王開始，觀音一直是藏傳佛教的信仰核心之一，傳說布達拉宮裡赤王宮中的法王殿上，有一個純金的觀世音菩薩聖像，在這聖像內，仍封存著當年松贊干布王迎來的觀音聖像。

在西藏，佛教信徒人人誦念「唵嘛呢唄美吽」六字大明咒，這是六字觀音的神咒，廣傳於西藏與中國。除此之外，依據密教觀音經典，還有十一面觀音、千手千眼觀音、馬頭觀音等等多首多臂、形貌特異的化身觀音，以及美麗的度母等人間化身，形成豐富炫麗的藏傳佛教觀音世界。

釋迦牟尼佛等身像
此尊釋迦牟尼佛12歲時的等身像，由唐文成公主攜入藏地，後供奉在拉薩大昭寺之中。

與西藏人最有緣的觀音是哪一尊？

與西藏人最有緣的觀音是「六字觀音」，藏語叫「見烈喜」(Chenrezig)，梵語作 Shadakshari Avalokiteshvara，帶著六字真言從蓮華誕生，因為有四隻手臂，所以一般人稱「四臂觀音」。

誓願守護西藏雪域

西藏佛教徒認為觀音是藏人的祖先，也是西藏的守護神，帶著六字真言來教化藏人。在藏文史籍中都一再述說這樣的傳說故事[註]。第一個故事這麼說：

一回，釋迦牟尼佛與眾阿羅漢在竹林中靜坐，眉間的白毫毛放射出一道彩虹般五色光芒，照射到北方的雪域。釋迦牟尼佛看到這景象，臉上現出笑容，宣說：「北方雪域國是未曾教化的邊地，但是，將來那裡的佛教會像太陽升起的光芒一樣弘揚光大，那裡的有情眾生將得到解脫。而要完成調伏邊地任務的人就是觀世音菩薩。」

眾羅漢詫異，釋迦牟尼佛接著說：「因為從前觀世音菩薩修行時，曾在一千尊佛面前發過這樣的誓願：『我一定要把三世佛未到過的雪域邊地，難調伏的有情眾生引到解脫正道上，我要像父母一樣對待那裡的精靈鬼怪，我要做眾生解脫的導師，我要使佛法長駐雪域，變成珍貴寶洲。』由於這個誓願，三世佛未曾調伏的雪域邊地，就由觀世音菩薩來教化。」

隨後，釋迦牟尼佛又由心間放射出一道形狀像白蓮花的白色光芒照耀世間，然後沒入西方極樂世界的無量光佛心間。又由無量光佛的心間放射光明，射入蓮花池中，預示教化雪域邊地的化身佛將要出世……

這就是觀世音菩薩成為西藏守護神的由來。

從蓮花誕生到世間

在下面第二個故事中，則詳細描繪了觀音化身來到西藏的樣貌：

在阿彌陀佛國，有一位名叫桑布喬的法王，他有千個王妃，但膝下無子，這是他人生最大的遺憾。由於虔信佛法，每天都派遣僕役到蓮花池去採鮮花，獻花供佛。有一天，僕役看見蓮花池裡，長出一株大蓮花，莖幹有輪木那麼粗，蓮葉有盾牌那麼大，中央的花苞有如甕般大，還放射出各種光輝。僕人見狀，回去稟告法王。

法王十分驚異，火速命人造了條大船，與隨從攜帶各種供品，到蓮

花蔭下供養、祝願。此時花苞開裂成四瓣，花蕊中坐著神佛化身：雙腿成金剛跏趺，一張臉，四隻手臂，兩隻手在胸前合掌，另一右手拿著白水晶念珠，左手拿著白蓮花，相貌端莊，裝飾著珍寶，穿著綢緞做的衣服，身體的顏色如雪山日出，左肩披羚羊皮，梳著五束髮髻，髮髻上有珍寶，臉帶可愛笑容，光芒照耀十方。

法王與隨從見了，都喜悅崇拜，用音樂迎請這位化身到法王宮殿。法王在無量光佛面前祈禱說：「這世間少有的端莊化身是來繼承我王位的王子嗎？」無量光佛回答說：「從蓮花中生出的化身佛子，是大慈大悲觀世音菩薩，並非來繼承你的王位，他將在雪域弘揚佛法，是那教化一切的佛的化身，他的大慈大悲將利益眾生。」

無量光佛說完後，就伸手按觀音頭頂，說：「善男子，由於你以前的誓願，你今將教化雪域眾生。雪域眾生看見你身體，聽見六字眞言「唵嘛呢唄美吽」，將立刻脫離貪、瞋、癡三惡，得到解脫。」無量光佛對觀音行特殊灌頂，並進一步教諭六字眞言的功德⋯⋯

受無量光佛灌頂、傳授的六字眞言，成為觀音菩薩的根本咒語，意為「禮敬蓮中寶」，正符合傳說中觀音由蓮花生出的意象，也因此六字觀音的造型經常是跏趺坐在蓮花上，這就是西藏人心目中最熟悉的觀音形貌。

特別是六字眞言，在藏族社會，無論僧俗，人人誦念，此外，還廣泛刻寫、繪製在日常生活環境中。像是在寺院裡外，在居民的屋頂、牆壁上，在牧民帳篷周圍，甚至在高山之巔、深溝縱谷旁，都可以見到六字眞言，就好像在台灣隨處可見「南無阿彌陀佛」的佛號一般。

註　以下所說的觀音典故記載在薩迦・索羅堅贊著
　　《西藏王統世系明鑒》民族出版社（1981）

西藏鎏金四臂觀音坐像 16-17世紀
鴻禧美術館藏
四臂觀音就是六字觀音，是西藏人最熟悉的觀音。觀音有四隻手臂，中間一雙手持摩尼寶珠，另一右手持的念珠已失，左手持八葉蓮花，結跏趺坐於蓮台上。

觀音菩薩怎樣輾轉來到中國？

當然是通過絲路來的，一條是走陸路由中亞傳入中國，一條是走海上絲路，則由中南半島或由西南緬甸而來。

觀音信仰受到注目，始於三國時期

雖然觀音的名字在西元2世紀時已出現在《成具光明定意經》，但觀音信仰開始受到注目是在三國時期，魏國譯師康僧鎧到洛陽(252)，初次譯出《無量壽經》二卷。這是介紹阿彌陀佛、觀世音與大勢至菩薩的經典，受到人們普遍詠誦。

接著，西晉竺法護翻譯了《法華經》的〈光世音普門品〉(286)，述說觀音的慈悲救難，頗得人們喜愛。

到了東晉(317-420)，漢地出現祈求往生阿彌陀佛淨土的思想，形成中國歷史上最早的佛教宗派——淨土宗，此時西方極樂世界的首席菩薩觀世音開始在中國流行起來。

在這以後，有關觀音的經典被大量翻譯進來，使觀音的聲望日漸提高。南北朝時期(420-589)，翻譯的觀音經典包括：南宋高僧縣無竭譯《觀世音授記經》(420)，印度人竺難提譯《請觀世音菩薩消伏毒害陀羅尼經》，北周印度僧人耶舍崛多譯出《十一面觀世音神咒》等等。這一百五

妙法蓮華經觀世音普門品
明代 台北故宮藏
這冊寫經圖文並茂，有40餘幅描金插畫普門品中觀音救難解厄、隨類應化的情節。

十年間，戰爭頻繁，生靈塗炭，人們在慈悲救苦的觀音身上找到了信仰寄託。在北朝，觀音造像的數量尤其驚人，可與釋迦牟尼造像並駕齊驅。

隋唐時代「家家阿彌陀，戶戶觀世音」

隋唐是中國佛教鼎盛期，來往於印度與中國高僧不絕於履，此時密教開始傳入西藏與中國，他們攜來梵經和新的佛像也豐富觀音的信仰生命。五代以降到宋、元、明、清時期，觀音信仰逐漸成為庶民百姓信仰的慈悲女神，正應了俗諺「家家阿彌陀，戶戶觀世音」信仰盛況，成為國人最熟悉、親切的佛教人物。

經過漫長的時間，歷代高僧翻譯的觀音經典超過八十部。同時，隨著觀音信仰在民間普及，信眾依據正統佛典的思想與修行，撰著了許多觀音偽經，並依憑個人的感應經驗，編撰了無數觀音菩薩感應集或觀音話本等等，成為民間觀音信仰的重要媒介，受歡迎程度勝過正統佛典。我國佛教史上最早的觀音靈驗集就出現在西元4世紀，名為《觀世音應驗記》。許多戲曲、筆記小說也有各式各樣的觀音故事，像北宋的妙善公主傳說、明代的魚籃觀音以及《西遊記》的三藏取經故事等等，都相當膾炙人口。

什麼是觀音偽經？

偽經是指在中國，直接用中文撰寫出來的經典，而非來自印度的經典。偽經通常很簡短易懂，內容往往強調發生在真實人物身上的奇蹟，而發生的地點絕大多數在中國。

最有名的觀音偽經是出現在西元7世紀的《高王觀音經》，這是現存年代最早的觀音偽經，另外還包括11世紀的《白衣大悲五印心陀羅尼經》、12世紀的《佛頂心觀世音菩薩大陀羅尼》等等，這些偽經廣為民間信徒推崇閱讀，有時更甚於原始經典，是觀音信仰中國化的重要媒介。

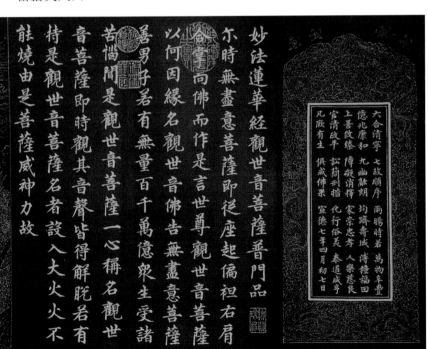

與中國人緣份最深的觀音經典
是哪一部？

《妙法蓮華經‧觀世音菩薩普門品》。即使是今天，佛教徒開始接觸觀音菩薩的第一部經，也依然是這部經。

《妙法蓮華經‧觀世音普門品》是中國觀音信仰發展史上很重要的一部經典，即便到了現代，仍是中國觀音信徒誦讀的熱門經典。此經最早在西元 3 世紀末，由竺法護翻譯傳入漢地，目前通行的譯本是由西元 6 世紀後秦的大譯經家鳩摩羅什所譯。

《普門品》能夠普遍流傳於世間，說來還有一段感人的靈感故事。

相傳在中國南北朝時代，北涼君王沮渠蒙遜害了一場怪病，群醫束手無策，正在危急之時，從印度來了一位精通醫術的出家人——曇無讖尊者。尊者一見到沮渠蒙遜，就說他生的是「業障病」，不是普通的藥物可以醫好的，如果想要病好，必須要誠心念《普門品》，才能

法華經普門品變相圖 盛唐 敦煌莫高第 45 窟
中央是華服冠蓋的觀世音菩薩，周圍呈現觀音三十三應化身。

三十三應化身

《普門品》述說觀音有三十三應化身，這三十三應化身包括：

1. 佛身。
2. 辟支佛身：又稱「覺緣」或「獨覺」，是靠自己智慧得道的覺悟者。
3. 羅漢身：親身聽聞佛祖說教，並達到自身解脫，成為羅漢的人。
4. 梵王身：即大梵天王，是印度教三大神之一的創造神，被佛教吸收後，成為護法神。
5. 帝釋身：即帝釋天，本為印度教的天神之首，被尊為「世界大王」，佛教吸收為護法神。
6. 自在天身。
7. 大自在天身：自在天與大自在天是相同的，原為印度教三大神之一的濕婆神，為破壞之神，佛教吸收後成為護法神，而在密教中他又是大黑天。
8. 天大將軍身：護法天神。
9. 毘沙門身：毘沙門是四大天王(或稱四大金剛)中的北天王。中國的托塔李天王就是由他衍生而來。
10. 小王身。
11. 長者身。
12. 居士身：在家信佛的人。
13. 宰官身。
14. 婆羅門身：古印度種姓制度中最高的階級。
15. 比丘身：比丘是梵文Bhiksu的音譯，就是和尚。
16. 比丘尼身：比丘尼是梵文Bhiksuni 的音譯，就是尼姑。
17. 優婆塞：梵文Upasaka的音譯，指親近佛法三寶，接受五戒的在家男居士。

夠痊癒。

　　沮渠蒙遜在病苦的絕望中，依著尊者的指示，虔誠地誦持《普門品》，不到七天，果然脫離病苦，不藥而癒了。因此，《普門品》一時變成了靈丹妙藥，凡是得了「業障病」，無藥可救的病人，都會誠心地誦持《普門品》，而且都非常靈驗，從此，《普門品》廣泛地在世間流傳著。

　　《普門品》之所以能打動世代人心，有賴於經中提及，人們只要一心稱念觀世音菩薩的名號，一定可以脫離八難(火難、水難、風難、羅剎、刀杖、鬼、枷鎖以及怨賊)、三毒(貪、瞋、癡)，以及滿足二求(求男、求女)的願望。同時觀音又能因應人們的需求，化現三十三種不同形象說法度人。

通稱一切在家佛教男信徒。

18. 優婆夷：梵文 Upasika 的音譯，指親近佛法三寶，接受五戒的在家女居士。通稱一切在家佛教女信徒。

19. 長者婦女身。

20. 平民婦女身。

21. 宰官婦女身。

22. 婆羅門婦女身。

23. 童男身。

24. 童女身。

25. 天身：泛指佛教天神，如大梵王天、大自在天、鬼子母子、韋馱天、吉祥天女、大黑天等等。

26. 龍身：古印度佛教的龍指的是蛇，傳入中國後，便與中國的傳統靈物 —— 龍，合為一體了。

27. 夜叉身：夜叉是梵文 Yaksa 的音譯，又作藥叉、夜乞叉，意為「能啖鬼」。被佛教吸收後為護法神，數量很多。像毘沙門天王手下就有八大夜叉。

28. 乾闥婆身：是婆羅門教的香神、樂神，被佛教吸收後成為一批專為佛陀唱讚歌的樂團。

29. 阿修羅身：原是古印度神話中的一種惡神，容貌醜陋，後轉化為佛教的護法神。

30. 迦樓羅身：迦樓羅是金翅鳥，其大無比，兩翅相去336萬里，可除蛇害。在佛教中變成佛陀頭上的護法神。

31. 緊那羅身：這是歌神，專門唱誦法樂的演唱家。

32. 摩睺羅伽身：摩睺羅伽是大蟒神，人首蛇身。從第25項到32項是著名的「天龍八部」或「八部眾」。

33. 執金剛神身：又叫金剛力士，手持金剛杖守護帝釋天宮門的夜叉神。遇佛出世，便降到世間，護衛釋尊。

觀音造型男女相皆有，為何中國卻以溫柔的女相觀音為主？

若要票選最受歡迎的觀音，印度人會選蓮華手觀音，西藏人會選四臂觀音，而大部分的中國人一定選白衣觀音或南海觀音，另外還有送子觀音、魚籃觀音、妙善公主等等，她們都是民間熟悉的觀音，主要特點是呈現女性造型。為什麼中國盛行女性觀音？

女性觀音盛行於中國、日本、韓國等東亞地區，並不見於印度、西藏、東南亞等地區註1。更正確來說，女性觀音是中國民間所開創出來的觀音形象，在西元十世紀以後，也就是宋代以後，普遍盛行於漢地，而後才傳播、影響到日本、韓國。

觀音的性別為什麼會改變？

為什麼觀音會在中國「改變性別」，創造出如此獨特的慈悲女神造型？

近年來，這個問題一直是許多宗教文化學者感興趣的問題。美國羅格斯大學于君方教授針對這個問題提出見解：

「當觀音信仰在中國紮根時，信徒們以更適合中國人的新方式來了解與呈現觀音。他們不只是以新方式描繪觀音，同時也賦予觀音新的特徵與稱號。虔誠的信徒們撰寫本土經典，並規劃新的禮拜儀式，來敬誦與頂禮觀音，他們述說關於觀音靈驗與化身的故事，也創造出新的本土圖像，這是非常自然的。」

于君方進一步闡述她的觀點：

「我認為水月、白衣、魚籃、南海觀音與觀音老母……本來也是地方性創作，也許原來尚有其他地方性的觀音傳統，因為種種原因沒有流傳下來。雖然有被遺忘的，但這五個觀音形象卻變得非常流行，並普及於全中國，這其中的原因值得我們更深入地探討。我想這是因為後者不僅以藝術型態保留下來，而且更因儀式與宗教慣例而強化。一旦這些觀音的新形象在虔誠信徒的身心中確立時，本土經典、小說、戲劇、通俗文學與寶卷，這些傳播媒介都得以更進一步地把這些新形象，廣泛地介紹給國人。」註2

學術研究有其嚴格的要求，于君方在相關的論文中透露幾個方向，可以做為了解中國女性觀音盛行的參考：

1. 母親是慈悲的象徵：觀音所強調的「慈悲」，在中國文化中是一種母性的特質，也就是所謂的「父嚴母慈」。但在佛教傳統中，智慧被視為女性特質，而慈悲才是男性特質；菩薩慈愛眾生，與佛陀一樣，所

以被視為男性。中國向來以母性表徵慈悲，可能是女性觀音產生的原因之一。

2. 藝術家或工匠的創造：印度、西藏總是嚴守經典儀軌，一絲不苟地造立佛像，但是到了中國卻可以「隨心造像」了。只要出於誠心，即使是文人藝術家、工匠也可以畫像，不一定要出於受過嚴謹訓練的儀軌造像師之手。雖然我們不能說觀音的女性化是由當時的藝術家或工匠所發明，但他們確實促使人們經由視覺形象，建立起女性觀音的概念。而那首批繪畫或雕刻女性觀音的藝術家們在創作過程中必然也是反應了當時的流行概念。

3. 靈驗傳說、寶卷、民間文學的推波助瀾：觀音菩薩靈驗的故事與傳說也為民間女性觀音的盛行提供推波助瀾的作用。最有名的像是香山寺妙善公主的傳說，或是白衣觀音的妙音寶卷，在民間流傳極廣，較之正統的佛教經典受歡迎。

女性觀音的發展還有一個特色：幾乎每一尊女性觀音從一開始都是與某一特定地區性或某一特定神話有關，並且以某一形式的圖像來描繪，爾後經過世世代代口耳相傳，以及民間文學的傳播，有了更清晰的面貌，逐漸成為全國性信仰。像白衣觀音最早流行在杭州，魚籃觀音在陝西，妙善公主在河南，南海觀音在普陀山。

註1　故宮博物院佛教藝術研究學者葛婉章認為，一面二臂的觀音由男變女，確是中國獨有。但是在早期印度密教，多面多臂的變化觀音早已有女性觀音，如《七俱胝佛母所說準提陀羅尼經》中的準提佛母觀音，三眼十八臂，是純然女性神格。(見葛婉章〈無緣大悲，觀達自在〉，《故宮文物》第112期)。

註2　引自于君方〈中國的慈悲女神—觀音〉，《香光莊嚴雜誌》第58期(2000)

中國女性觀音的地區起源圖

美麗的水月觀音造型典出何處？

一般認爲《華嚴經・入法界品》裡對觀音菩薩的住處描述，是畫家們爲觀音造像的依據，不過早期的水月觀音可是有鬍子的男性呢！

現存最早的水月觀音是在敦煌發現的，年代西元943年，是一幅唐代供養絹像，目前收藏在巴黎居美(Guimet)美術館。畫面正中央是千手千眼觀音，在左下方是供養人像，右下方有另一觀音像，題記著「水月觀音菩薩」。

這幅圖有著水月觀音的重要標記：圓月和水池。觀音身後有一輪圓月，頭上有一化佛，右手持楊柳，左手拿寶瓶，以如意坐姿於岩石上，也就是一腳翹起，另一腳放下，踩在水池蓮花上，坐姿悠閒，怡然自得。圖中背景爲一竹林，池中有蓮花、蓮葉。這是最典型的水月觀音。

水月的造型是怎麼來的呢？

記得《華嚴經・入法界品》裡善財童子去拜訪觀音的住處普陀洛迦山嗎？一般認爲這極可能就是水月觀音造型的創作源起。

依經文上說：

> 爾時善財童子……漸漸遊行至光明山。登彼山上周遍推求。見觀世音菩薩住山西阿。處處皆有流泉浴池。林木鬱茂地草柔軟。結跏趺坐金剛寶座。無量菩薩恭敬圍繞。而爲演說大慈悲經。

另外，唐玄奘的大唐西域記寫到普陀洛迦山景致：

> 國南濱海有秣刺耶山……秣刺耶山東有布呾洛迦山。山徑危險。巖谷敧傾。山頂有池。其水澄鏡流出大海。周流繞山二十匝入南海。池側有石天宮。觀自在菩薩往來遊舍。

文中所描繪的流泉、岩石、草木等景象，不斷出現在中國水月觀音的造像系統中，影響深遠。

另一幅著名的水月觀音作品是由弗瑞爾美術館收藏的唐代供養絹幡「南無大慈大悲水月觀音菩薩」，採傳統觀音造型，觀音並不是

水月觀音 宋代 美國波士頓博物館藏

這尊水月觀音有著女性容顏，由於現存雕像並不完整，所以看不到水與月的造像元素。

如意坐姿，而是結跏趺坐於蓮台上，手持楊柳淨瓶，端坐在圓月中，整個場景布局仍延續普陀洛迦山的山水意象。

相傳，最早繪畫水月觀音的人是唐代的畫家周昉(740-800)。張彥遠所著《歷代名畫錄》卷十有周昉「妙創水月之體」的記載。周昉在長安勝光寺畫了一幅水月觀音，畫中繪一輪圓月把觀音團團圍住，周圍有一片竹林，構圖很接近前面的畫作。可惜這幅畫作已失傳，但卻很可能是後來繪畫者或雕刻者創作水月觀音形象的根據。從周昉的畫來推測，水月觀音流行的時代應該在西元八世紀中葉的唐朝。

臨摹自：水月觀音
943 法國居美術館藏
這是目前所見紀年最早的水月觀音，原為「千手千眼觀音供養像」之局部圖。觀音嘴邊有鬍子，是男性造型。

宋代以後出現女性水月觀音

唐代的水月觀音是男性造型，臉上留有鬍髭。到了宋代以後，水月觀音逐漸出現女性造型。元代顏輝的水月觀音，背景依然有圓月、湖水、楊柳淨瓶以及瀑布，觀音卻是身披長袍、坐姿優雅的端莊女性。此時水月觀音也完全變身成女性觀音的造型。

在中國民間盛行的女性觀音，大多伴隨大量靈驗傳奇、寶卷或朝聖地等，來催化信仰傳播，例如白衣觀音有白衣寶卷，妙善公主有香山寺等等。唯有水月觀音缺乏這類民間文學的推波助瀾，也因此在宋元以後，水月觀音不若其他女性觀音普及與盛行。

註　水月觀音的相關研究可閱讀：李玉珉〈水月觀音與白衣觀音造像在中國發展的概況〉，《故宮文物》第212期（2000）

白衣觀音在中國是如何深入人心？

來自密教經典的白衣觀音約在十世紀傳入中國，此後靈驗故事不斷，宋神宗時的侍郎邊知白曾蒐集從古到今的靈驗事蹟，寫成《觀音感應集》四卷，流傳後世。

從圖象脈絡來看，水月觀音演變下來，出現了白衣觀音，而後水月與白衣的造像元素經常互相採用，形成二者的混合體。

白衣觀音的由來

憑著一襲白衣，很多學者考據白衣觀音的由來，推測可能是來自密教的經典。一說是密教白度母(White Taro)的中國化，另一說是以觀音為首的蓮華部的母親，也就是諸佛菩薩的母親。依據上述推斷，也許我們可以說，白衣觀音最初是透過密教經典引介到中國來，開始流行於十世紀；同時，由民間創造出十足本土化的觀音形象，成為道地的中國觀音。

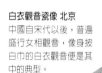

白衣觀音瓷像 北京
中國自宋代以後，普遍盛行女相觀音，像身披白巾的白衣觀音便是其中的典型。

從觀音造像作品來看，杭州西湖煙霞洞的入口兩邊立著兩尊白衣觀音，以及四川大足石窟的白衣觀音，年代都可追溯至西元10世紀，是目前我們所見相當早的白衣觀音造像。

從觀音寺院的創建神話來看，浙江有數座觀音道場均創建於10世紀，它們的創始神話也都與白衣觀音有關，當中最有名的是杭州上天竺寺的創寺傳說。

吳越國王錢鏐在登基之前，夢到一位白衣女子，她允諾倘若錢鏐有慈悲心，她將會保護他與他的子孫，並告訴他說，二十年後可以在杭州的天竺山找到她。當錢鏐登基為王後，又夢到同一白衣女子，女子要求一個立足之地，並允諾將成為吳越國的守護神。因此，當錢鏐在天竺山上找到供奉著觀音的落破寺院，便重建廟宇，名為「天竺看經院」，也就是上天竺院的前身。這座寺院現在是重要的觀音朝聖地之一。

10世紀中葉，不但南方地區盛行白衣觀音，在北方的遼國也有白衣觀音的信仰。《遼史》裡說白衣觀音住在長白山上，在那山上，鳥獸都是白色的，且沒有人會傷害牠們。據說契丹第二代皇帝

白衣大士像 明代 台北故宮藏
白衣觀音端坐蓮葉上，面如鵝
蛋，五官娟秀，超塵脫俗，持物
楊枝淨瓶擱置在側。

德光曾在夢中見到身著白衣的美麗女神，此神就是後來德光在幽州所見
的大悲菩薩，只是兩者的服裝顏色不同罷了。

白衣觀音是中國人心目中最平易近人的女神，靈驗傳奇不勝枚舉，
從10世紀以來從未間斷。西元11世紀，宋神宗時的侍郎邊知白蒐集了
觀音從古到今的靈驗事蹟，寫成《觀音感應集》四卷流傳於後世，便是
源於白衣觀音治病的神蹟。有一回邊知白從京師到江西臨川，途中因暑
熱生病，它夢見一個白衣人拿水從他的頭頂灑下，令他從頭到腳頓感清
涼，醒來後，病就完全好了。從此他發願要廣傳觀音的慈悲，因而寫成
了《觀音感應集》。

偷觀音菩薩座前的燈，
家中就會添丁？

《妙法蓮華經‧觀世音普門品》上寫著：若有女人設欲求男，禮拜供養觀世音菩薩，便生福德智慧之男。設欲求女，便生端正有像之女。於是觀音也就成了中國人心中的送子觀音了，民間更從而衍生出偷燈(偷丁)的民間習俗。

觀世音菩薩普門品經像
16-17世紀(明代) 台北故宮藏

觀音菩薩送子來，最早的經典來源是《普門品》所說滿足生男育女的願望。畫中觀音為一婦人，懷抱嬰孩，手中持楊枝、水碗，衣紋則抄錄普門品經文，令人嘆為觀止。

觀音送子信仰的盛行，一方面與中國重視傳宗接代有關，另一方面是有經典依據的。

《普門品》裡觀世音菩薩曾說：「若有女人設欲求男，禮拜供養觀世音菩薩，便生福德智慧之男。設欲求女，便生端正有相之女。宿值德本眾人愛敬。」這就是只要敬拜觀音，便可生男生女的信仰。

《請觀世音菩薩消伏毒害陀羅尼咒經》有說：「若有婦人生產難者臨當命終，三稱觀世音菩薩名號，並誦持此咒即得解脫。」古代社會醫療設備不發達，祈求生產平安是一般人的重大心願，觀音信仰正可撫慰這種心靈不安的狀態。

在《白衣大悲五印心陀羅尼經》這一部本土經典裡，特別記載觀音擁有允贈小孩，特別是男孩的能力。另外，觀音信仰的靈驗記中，也有許多信奉觀音得子的故事。在上述這些經典與民間文學的推瀾下，白衣觀音逐漸轉變成送子觀音，普遍流傳中國各地。

送子觀音在中國民間還發現一個有趣的習俗：結了婚、想要生兒育女的婦女，可以到觀音廟裡去「竊取」佛桌上的蓮燈，因為「燈」有「丁」的諧音。偷得觀音菩薩的神燈，家中自然會添丁。有些人家怕兒女長不大活不長，便送到觀音廟去「寄名」，把孩子交給觀音菩薩看養，這樣就萬無一失。

宋明以來，白衣、送子觀音不但是中國文人筆下經常摹繪的觀音，更是民間觀音造像的主流。像明代仇氏杜陵內史的白衣大士像、丁雲鵬的大士像，被摹繪成秀逸空靈的白衣觀音，而福建德化有名的白瓷觀音則有許多送子觀音作品。

檔案 *37*
魚籃觀音的提籃裡藏著什麼玄機？

觀音菩薩化身美女嫁做馬郎婦的故事，因為傳奇性濃，常被文人雅士取來做創作的題材，提籃中藏著的不就是她送給眾生的慈悲與智慧嗎！

魚籃觀音 明代 台北故宮藏
觀音一手持念珠，一手提魚籃，籃中有魚數尾。魚籃觀音的傳奇故事經歷數百年發展，在明初已完全定形，人人熟識。

故事原型──鎖骨菩薩馬郎婦

傳說西元 9 世紀初，唐獻宗在位時，陝西東部一帶，人們以打獵為生，並未信奉佛教。有位年輕貌美的女子來到此地，揚言：「我已經到了適婚年齡，誰能在一個晚上熟記《普門品》，我就嫁給他。」

第二天早上，有二十個人通過了這個測試，女子無法同時嫁給這麼多人，便又說道：「一天之內能熟記《金剛經》，我就嫁他。」第三天，有十個人通過考試，她再要求他們在三天內背誦整部《法華經》，這次只有馬郎通過考試。於是馬郎把女子接到家中，興高采烈的準備婚禮。誰知在完婚前，女子突然去世，而且屍體很快就腐壞了，馬郎趕緊將女子下葬。

幾天之後，一位身穿紫袍的老和尚來到此地，要求馬郎帶他去看女子的墳墓。當和尚打開墳墓，發現女子屍體的血肉已經完全腐爛，只剩下由一條金鍊子串起來的骨頭。和尚告訴圍觀的民眾說，這女子是聖人示現，她來此的目的是為了解救他們脫離惡業輪迴。說完，和尚用水將屍體洗淨，繫在杖上騰空而去。從此之後，許多居民就改信佛教。而金鍊子串起來的骨頭就是聖人的標記，因此，人們稱為「鎖骨菩薩」。

在這原型故事中，只有馬郎婦，還未出現觀音，也未提到魚籃，連故事的明確地點也沒說明，但經常被人所傳頌，例如宋代著名詩人黃庭堅曾有「鎖骨金沙灘」的詩句。到了《魚籃寶卷》，魚籃觀音便有了清晰的形象。

魚籃寶卷——金沙灘上的賣魚女

故事的背景來到了宋代江蘇沿海地區，金沙灘的村莊以打獵、捕魚、屠宰為生，這裡的人非常兇惡，強盜、殺人、偷盜，做盡種種壞事，激怒了玉皇大帝，他命令東海龍王用海水淹沒整個村莊，要村民下到地獄去，永不得超生。

觀音是當時的南海教主，知道這事後，起了憐憫心，請求玉皇大帝延後幾個月再處罰他們，並自願下凡到金沙灘去渡化他們。觀音便化為一個絕世美女提著魚籃，來到金沙灘賣魚。這事轟動整個村子，其中有一個姓馬的惡霸，非常富有，深深被賣魚女吸引，決定要想辦法娶得這位姑娘。

馬郎假意與賣魚女接觸，並打探她的身世。賣魚女告訴他至今未婚的原因是，發願要嫁給一位能背誦《法華經》，並且吃素行善的人。聽到賣魚女的告白，馬郎很有興趣，問說：「哪裡可以找到這部經，這經為什麼那麼重要？」

賣魚女回答：「這部經是無價之寶，有了它，便可人天喜樂，遠離地獄之苦。」至於哪裡可以找到這部經？賣魚女指向她的魚籃。原來她把《法華經》藏在魚籃子裡。

村莊裡的男子知道了這事，決定和馬郎一樣，努力背誦經典，學習佛法，來爭取與美麗的賣魚女結婚。一個月過去了，村人仍在學習背誦佛

魚籃觀音瓷像 清代
觀音手挽魚籃，素足立於波濤之上。觀音化現為美麗賣魚女，渡化人間，故事性強，又貼近民間生活。(王露攝)

經，但救渡金沙灘的計畫必須趕快進行，因此她決定選擇品性最壞的馬郎，來履行承諾。她朝馬郎吹一口氣，馬郎頓時神清氣爽，毫無猶豫的背誦出全本《法華經》。馬郎雀屏中選，非常高興地準備婚禮。沒想到賣魚女在婚禮當天突然生病。此時，賣魚女向馬郎吐露自己眞實的身分是觀音，她告訴馬郎：「我違背了玉皇大帝要淹沒金沙灘的旨意，所以必須待在凡間三年。」臨死前，她勸告村人要繼續持誦這部經典，並繼續吃素、行善，之後便死了。

馬郎失去賣魚女極爲憂傷，葬了她之後，找了畫家畫了一幅賣魚女的畫像，奉祀在家中，從此改過自新。三年過去了，由於馬郎熱誠傳佈佛法，整個村莊變成善良之地。一天，馬郎思念賣魚女，想著：「三年的期限快到了，她會不會升天呢？」他的念頭驚動了天上的觀音，促使觀音再度下凡。

這次觀音化成一個僧人，來到金沙灘尋找失散多年的表妹，而表妹的容顏聽起來就像賣魚女。馬郎聽聞之後又再度悲傷起來，告訴僧人她已經死了。僧人說他想去看看屍體，確認是不是他的表妹。又說，如果她眞是觀音，那麼身體將會是金色的且不會腐爛。當下立即來到墳墓，打開墓門一看，女子的身體確實是金色的，更不可思議的是賣魚女突然死而復活，手中提著魚籃升天而去。眾人在驚訝之餘，那僧人也隨著冉冉升空，握住賣魚女的手，站在她身旁，然後兩個形體融合爲一而成爲觀音，端坐雲端，向人們開示。觀音告訴眾人之所以要兩次下凡，是爲了拯救金沙灘的居民。聽了這話，所有人心生懺悔，並發願要遵循觀音的教誨。

馬郎的傳家寶中，有一塊珍貴的檀香木，他請人根據原先的畫像雕刻，並加刻上魚籃，這就是魚籃觀音的由來。

魚籃觀音的故事感動世世代代的中國人，聽完故事，知道魚籃裡賣的是什麼吧？是觀音能運用凡間一切善巧方便，來幫助人們向善。

魚籃觀音局部圖 明代
觀音的魚籃裡，賣的不是魚而是
渡化人間的慈悲佛法。

善財童子、龍女是怎麼成為
南海觀音的脅侍？

南海觀音，住在南海普陀山，手持楊柳、淨瓶，坐在海邊岩石上，身後有竹林、滿月，身旁有善財、龍女隨侍在側，忠心的白鸚鵡盤旋在竹林中。這是我們常見的南海觀音樣貌。有時觀音也會被描繪成站立在大海鰲頭上，乘風破浪。

南海觀音幾乎是中國女性觀音造型的匯集，水月觀音、白衣觀音都可以在她身上找到相似的身影。當南海的普陀山逐漸成為有名的觀音朝聖地時，南海觀音隨後因應而生，成為駐守聖山的本尊觀音。十六世紀隨著《南海觀音全傳》[註]的出現，南海觀音開始全面盛行於民間，成為佛、道教徒崇拜神祇。而在民間文學《西遊記》裡，那個救苦救難的觀音指的就是南海觀音。

在南海觀音畫像中，有三個新元素，就是：善財、龍女與白鸚鵡。為什麼他們會與觀音一同出現？

善財童子

善財童子原是《華嚴經》裡那個追求佛法知識的好青年，他本來是一位長者的兒子，因出生時有種種珍寶自然湧現而得名。不過善財童子卻看破紅塵，視財產如糞土，發誓修行成菩薩。有一回文殊菩薩說法時，善財童子前往請教如何修持菩薩道，在文殊指示下，善財童子開始參訪五十三位善知識，造就了佛經中「善財童子五十三參」的佳話。並在普陀迦洛山拜謁觀世音菩薩，得到他的教化而示現成菩薩。

但在《南海觀音全傳》裡，善財童子卻有完全不同的面貌：善財是個孤兒，在大華山過著苦行生活。為了驗證他的誠心，妙善(也就是觀音)要土地公找眾仙假扮強盜、惡棍欺凌她並跌落斷崖，善財卻能毫不猶豫地隨她一起跳了下去。

龍女

至於龍女，佛經說她是婆竭羅龍王的女兒，是《法華經》上有名的人物。龍女從小智慧通達，八歲時，以寶珠獻佛，並在眾佛菩薩面前，示現成佛。在《南海觀音全傳》裡，龍女是龍王的孫女。一回，龍王的第三王子化為鯉魚時，被漁夫捉到，觀音吩咐善財用一串銅錢把他贖回，並放他回大海。龍王為了感謝觀音的搭救，決定贈送一顆夜明珠，

讓她在晚上也能誦經。三王子的女兒，也就是龍王的孫女，獻給觀音這顆寶珠，並要求成為她的弟子。觀音答應她，並告訴她要把善財當師兄看待。因此，善財、龍女便成為南海觀音的脅侍。

白鸚鵡

那麼，白鸚鵡的來歷又是什麼呢？大部分的民間寶卷流傳一個來自於 15 世紀的一個傳說故事，故事概要是說：

白鸚鵡的父親死了，母親罹患重病，想吃東土的櫻桃。母親警告鸚鵡東土人都很邪惡，千萬不要去。但孝順的鸚鵡仍不顧一切地飛去採櫻桃，結果被獵人捕獲，把牠賣給一位有錢的地主。鸚鵡便開始講道，使得許多獵人放棄打獵，皈依了佛教。唯有這個地主鐵石心腸，不肯釋放牠。一天，菩提達摩降臨，提示鸚鵡裝死逃脫，地主看到奄奄一息的鸚鵡，就把牠扔掉。鸚鵡趕緊飛回家去，發現母親已經過世。牠悲傷萬分，觀音為牠的孝心感動，接引牠的雙親往生淨土，為了報恩，鸚鵡便請求終身跟隨觀音。

這就是我們所見南海觀音的由來。雖然南海觀音的產生大多來自民間寶卷、靈驗傳說的記載，與原始佛教經典無關，後來卻成為廣為流行的觀音形象。

註 《南海觀音全傳》無紀年木刻本 藏於北京圖書館

臨摹自：南海觀音 元代趙雍繪

觀音手持念珠，坐在岩石上，旁邊有楊枝、淨瓶以及供品，善財童子、龍女立於下方蓮葉上，白鸚鵡盤旋於天空。南海觀音是中國女性觀音的集大成，常駐於南海普陀山聖地，是中國人的守護女神。

中國民間熟悉的妙善公主，
與香山寺有何關聯？

觀音信仰傳到東土後與中國的民間文化深刻結合，妙善公主的故事就是透過文人記述刻碑留在香山寺，再逐漸發展成戲劇傳奇，而變成膾炙人口的故事。

妙莊王的三公主

傳說古代妙莊王有三個女兒，分別是妙顏、妙音與妙善。三公主妙善聰慧美麗，從小篤信佛法。到了適婚年齡，父王要為她婚配，但妙善執意削髮出家。妙莊王一氣之下，便將她逐出王宮。妙善決心皈依佛門，因此隱遁到山林裡的清秀庵修行。妙莊王發現女兒出家，怒火頓起，率兵馬捉拿她，當下在京城斬首示眾，使她的靈魂墮入地獄。

玉皇大帝知道後，命閻羅王將妙善靈魂救起，讓她復活，並在香山紫竹林中修行。從此妙善普渡眾生，行善天下，示現成為觀世音菩薩。

後來，妙莊王得了重病，久治不癒，御醫告訴他需要親骨肉的手眼方可得醫治。在這種情況下，妙莊王的大女兒妙顏、二女兒妙音都不肯獻手眼。妙善得知此事後，不念父王舊惡，挖下自己的雙眼，斬下自己的雙手，製成藥丸救活了父親。妙莊王知道後，愧疚萬分，為紀念自己的愛女，請工匠塑一尊「全眼全手」觀世音像。結果，工匠錯將「全眼全手」聽成「千眼千手」，於是塑出了一尊千眼千手觀音(妙善)像來。

妙善傳說的起源

妙善故事在 12 世紀初的北宋就已形成，河南寶豐縣香山寺的蔡京所寫的《大悲觀音菩薩得道遠徵果史話碑》就記載了這個故事。當時，一位被朝廷貶守汝縣的翰林學士蔣之奇，無意間到香山寺一遊，禮拜當地著名的千手千眼觀音，並首次聽聞了妙善公主的故事。爾後，蔣之奇上任杭州知府，便將該故事帶到杭州，並在天竺寺刻石立碑，使得妙善故事很快在民間流行起來。

從 12 世紀的北宋一直到明清時代，六、七百年來，藉由各種民間文學、寶卷以及傳統戲劇的傳佈，妙善傳說成為民間琅琅上口的觀音故事。其中最有名的包括《香山寶卷》、16 世紀末的《南海觀音全傳》以及明萬曆年間的傳奇劇《香山記》等等。

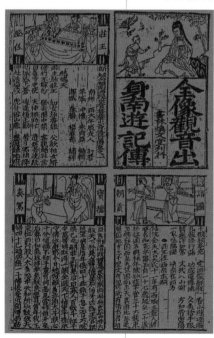

全像觀音出身南遊記傳
民間古刻版
妙善公主得道成為南海觀音的故事，膾炙民間，是外來的觀音信仰本土化的極致表現。

40
韋馱菩薩在民間傳說中，為何被稱為與觀音是「對面夫妻」？

中國古代的好事者，不但將觀世音變成漢家的大家閨秀，在後續的故事發展裡，還為她匹配了一位真心相愛卻未能成婚的丈夫——韋馱菩薩。

韋馱是觀音的護法神

　　觀音在中國民間還衍生出許多傳說故事。民間相傳韋馱家住峨嵋山下，生活相當貧寒，他看到百姓橫渡嘉陵江，常因江寬水急而喪命，決心多掙點錢為民造橋。

　　一回，觀世音雲遊峨嵋，飛渡於嘉陵江畔，見江水湍急，百姓無法過江而怨嘆，頓生慈悲心，決定化緣造橋，於是在嘉陵江畔鄉里貼出了這樣一張告示：「農曆三月十三，將有一少女站在江心，誰能用銀錠擊中她，便可娶她為妻。」十三日一早，四鄉八里的顯赫貴官、公子哥兒雲集在江邊，只見江心的渡船上站立一美麗少女。眾公子們迫不及待拿起銀錠投擲江心，奇怪的是銀錠都落入船中，卻無一人擊中少女。

　　這時，韋馱路過江邊，見船上少女，不覺滋生愛慕，可是身上僅有數月積蓄的一兩銀子，想擲卻又捨不得。此時，身旁有一長者對他說：「你只要真心，我保證你扔中她。」韋馱半信半疑地隨長者舉起手勢將銀子扔了出去，銀子真的不偏不倚地擊中少女胸懷。觀世音大驚，仔細一看，原來是仙人呂洞賓在搗蛋，真是哭笑不得。但是在眾目睽睽之下又不可賴帳，便將一船銀子拿去造橋，並現菩薩身向韋馱說明真相。

明人畫妙法蓮華經 卷七拖尾
韋馱天 台北故宮藏
中國民間傳說中，韋馱菩薩是觀音的護法神。

　　韋馱知道觀音化緣造橋的本意後，對她更是愛慕不已，定要跟隨觀世音。觀世音見韋馱是真心真意，又念自己已得正果，不可動凡心，便將韋馱帶回普陀山，使他成為自己的護法神。

　　這也就是為什麼在奉祀觀音的寺廟中，常見韋馱塑像侍立在觀音身邊的由來，人們說這是「對面夫妻」。

　　這則民間傳說可見於《普陀洛迦山志》裡。漢地佛教界裡，韋馱是護法神，為南天王部下八大將之一，在四天三十二將中以正勇稱名。

如何與觀音進行第一類接觸？

對初學者來說，參加觀音法會是認識、親近觀音的好方法之一。每一個觀音法會宛如一場爲眾生準備、既莊嚴又盛重的生命宴會，藉由與信眾一起稱念、祈禱，以及透過師父傳法或講經，可以與觀音進行第一類接觸，濡沐觀音的慈悲法教。

什麼是法會？

漢傳佛教(顯宗)與藏傳佛教(密宗)對法會有不同的定義。漢傳佛教認爲參加法會的目的主要是聽師父講經開示、祈福、求平安、消災。在藏傳佛教，法會有三種類型：一是灌頂(梵文abhiseka)，目的在獲得修法的傳承與權利；二是講經法會，目的是聽師父開示或教學；三是修法法會，目的是獲得世間利益，例如求平安、求財富、求智慧等等。

在漢傳佛教，想修觀音法門只要多參加法會，向師父請經，回家自己修持就可以。在藏傳佛教，必須要參加觀音灌頂法會才能修行觀音法門。灌頂的意義是賦予弟子聽聞、學習和修習密乘觀音法門的權利與方法。

什麼人可以參加觀音法會？

參加觀音法會沒有種族、年齡、性別、職業、宗教的限制。對觀音信仰有興趣的人可以參加觀音法會。想多認識、親近觀音的人可以參加觀音法會。想爲自己與親人祈福求平安、消災解厄的人可以參加觀音法會，而想修習觀音法門的人更要參加觀音法會。

從哪裡可以得到觀音法會的資訊？如何參加？

在台灣、香港、中國大陸以及海外華人社會等大乘或密乘佛教的道場和佛學中心，都能得到觀音法會的資訊。有些是定期舉辦的，有些是因應特殊節慶因緣而舉辦，通常會刊登在該道場或佛學中心的行事曆裡。初學者可以找自己喜歡的道場或佛學中心，參加他們所舉辦的觀音法會。道場向上師請法、舉辦法會是不容易的，應把握受法的機會。

可以一再重覆參加法會？

人們可以自由參加任一個法會，大部份的道場都很歡迎信徒參加法會祈福消災或聆聽講經，一再重覆參加法會並無妨。

　　密宗對於「重覆參加灌頂」，有特殊的看法：一個已經過灌頂的人
可以再重覆參加灌頂，理由有二：一是雖然本尊相同，但傳承不同，加
持力也不同。二是對於信心退轉或自信不足的修習者，同一法門一再灌
頂，可以增加加持力，說通俗一點，叫「補灌」。不過，修持者可不要
成爲一個「職業灌頂手」，哪裡有灌頂就往哪裡去。修持者仍應努力在
日常生活中精進修行，否則一再灌頂加持也沒有用。達賴喇嘛在《藏傳
佛教世界》一書中曾說：「從別人身上得到加持是不夠的……加持力必須從
自心中生起，沒有你自己的努力，加持力量是不可能來的。」

檔案 *42*
寺廟中經常舉行的大悲懺法會，是由誰制定？

在漢傳佛教的觀音信仰中，大悲懺法會是最受歡迎的觀音法會。最早的大悲懺行儀是由宋代的知禮和尚所制定的，他爲中國信徒提供了一套清楚完備的禮拜觀音儀式。整個儀式的精神在於一個「懺」字。

知禮是宋代天台宗有名的和尚，俗姓金，浙江寧波人，他的出生有個傳奇：原來父母膝下一直沒有子嗣，便向佛祈子。有一天，知禮的父親夢見一位印度僧人與一個小男孩，僧人告訴他：「這是佛陀的兒子羅侯羅。」醒來後，母親便懷孕，後來生下知禮，取名叫羅侯羅。七歲時知禮喪母，哭泣不止，要求父親讓他出家。他在十五歲時便受具足戒，開始研讀律藏；二十歲時研習天台教理，禮寶雲和尚爲師。

進入天台宗，知禮對於懺悔儀式有強烈的興趣，致力於懺儀研究以及舉行拜懺法會，爲大衆說法。知禮對後世信徒影響最大的是編寫了大悲懺，他是根據當時社會流傳的《千手千眼觀世音菩薩廣大圓滿無礙大悲心陀羅尼經》爲藍本所製作，懺本全名叫《千手千眼大悲心咒行法》。知禮認爲人生的雜染與惡是存在的，必須去對治它們，經由修懺，雜染與惡可以被轉化。人們可以藉由持咒懺悔、觀想自己與觀音合而爲一，便能增智除惡。

一千年前的大悲懺行儀

知禮在一千年前制定的大悲懺行儀共進行二十一天，包括十部分——

1 嚴道場：安置觀音像
2 淨三業：修行者沐浴、著淨衣，潔淨身口意三業，收攝身心。
3 結界：法會第一天，正式禮拜開始前，在修法處劃定四方界限。
4 修供養：向三寶諸佛供香誦偈。
5 請三寶諸天：依序奉請阿彌陀佛、千光王靜住佛、正法明如來、大悲咒、一切菩薩薩摩訶和千手經所提到的諸神。
6 讚嘆申誠：說讚嘆觀音偈文，並表明誠心。
7 作禮：向在場的諸佛行禮。
8 發願持咒：持誦十大願和大悲咒。
9 懺悔：懇求三寶以及滅除我們罪障。
10 修觀行：修行者離開壇場，禪坐依經修觀。

今天的懺儀已比原先的版本簡化許多，儀式的重點擺在持誦咒語和部份經文，而拜懺的動機與效用也有所改變。原先知禮所設想的救贖與開悟，到了今天轉變成拜懺可以帶來各種福報與現世利益。但是這無損於懺儀原本的意義：使普羅衆生透過拜懺與慈悲的觀世音菩薩結緣、相應，親近解脫、開悟之道。

你想參加大悲法會嗎？

偶爾走訪寺院，看到一群人熟練地在大殿中念誦禮拜，你可能就是遇到大悲法會了。若存恭敬心、歡喜心，隨緣參加禮拜是絕對受歡迎的。

一般人如果想參加大悲法會，可以先向居處附近或與自己投緣的寺院查詢法會舉行的時間，這些消息通常也會刊登在網路上。法會當天可著簡素端莊、且宜於跪拜行禮的服裝前往。因法會時間約兩小時，有經驗的與會者還會攜帶礦泉水或水杯、毛巾等。

寺院為方便眾生，都會由義工先在會場將大悲懺本整齊置放於桌面。經書即佛，因此要有恭敬心。進入會場，一般分男眾女眾兩邊，著海青者靠前，一般服裝者在後，以保持會場的整齊肅穆。不要因為會場氣氛而擔心自己處處得咎，須知菩薩慈悲，你願意來他只有歡喜哪有責怪。這些規矩雖說是恭敬菩薩，其實更在於讓自己一顆亂糟糟的心沉靜下來，才能在禮拜中真正與菩薩感應，懺悔自己的罪業。

若能了解法會進行流程，將能更契入儀式而有所感應。

法會儀式：

程序	動作	意義
1 淨業	清淨身口意三業。	虔敬預備心。
2 供讚	稱念觀世音菩薩聖名，誦「爐香讚」，並以香花供養。	恭敬供養十方諸佛。
3 禮敬	一一禮拜前來參加法會的諸佛菩薩。	一一唱念佛名，可以知道座上有哪些諸佛菩薩一起參加這次聖會。雖然肉眼無法看見，但他們必定已在法會壇場，故應一一頂禮。
4 持明	發「拔苦」與「與樂」的慈悲願之後，至誠專一持誦21遍大悲咒。	這是懺儀的最高潮──發願持咒。 在唱誦大悲咒之前要起慈悲心，發大願；並憶起大悲咒的種種功德。 信眾齊心齊聲唱誦大悲咒。 初學者不熟悉咒文沒有關係，心裡尊敬這是珍貴的咒語就足夠了。
5 懺悔	信眾誦念懺悔偈文，皈依佛法僧三寶。	祈請三寶滅除我們的罪障，並請觀音加護，消除罪障。
6 迴向	信眾讚誦迴向文。	將所得功德迴向給一切眾生和親友。懺儀結束。

註　在大悲懺法會的壇場邊上，經常可以看見一排排裝滿水的各種容器，這是由信眾帶來的，要在法會結束後帶回家去。信眾認為這些水因為受了法會的加持，變成「大悲水」，有治病療效。

要如何參加密宗觀音灌頂法會？

想修密宗觀音法門的人，可以參加佛學中心舉辦的觀音灌頂法會。佛號人人皆可念，但法門有深有淺。自己的能力有限，透過上師灌頂，請法修行，接受上師的指導，是密宗修行最重要的學習。

一般而言，灌頂有三種：1. 隨允，又叫結緣灌頂，舉行時間在一天之內；2. 大灌頂，舉行時間在兩天以上；3. 加持灌頂，是法外施恩，特別廣開一個法門。

現代社會，人人都很繁忙，若要參加兩天以上的大灌頂，似乎力不從心。初學者可以衡量自己的耐力，選擇只要花費一天的觀音隨允灌頂。下面，我們要帶領你來參加「四臂觀音隨允灌頂」，這是根據薩迦派〈成就法百尊〉之第 21 法門四臂觀音偕眷三尊的灌頂儀軌。

禮節禁忌：

1. 進入佛堂要三頂禮。

2. 法會開始前向諸佛菩薩、上師、壇城三頂禮。結束時不要頂禮。

3. 第一次見到上師要頂禮。但告辭回家時不要頂禮。

4. 不可踩到出家人的法衣。

5. 法會現場發的經文是殊勝物品，要放置好，不可踩踏。

6. 別跨過他人的皮包袋子，因為裡面可能裝經文、佛像等殊勝物品。

參加灌頂應有的認知

參加四臂觀音灌頂，必須有十點認知，才能得到最大的利益：

1. 首先要知道四臂觀音是什麼模樣。因為藏傳佛教的觀音法相和漢傳佛教不太一樣，所以在灌頂之前最好準備一張觀音法相，並且好好認識一下，以便灌頂的時候觀想。

2. 帶殊勝的歡喜心前去參加法會，心存讓一切眾生歡喜的動機。達賴喇嘛說，善良的動機就是善業，善的動機是法會最重要的條件。

3. 要了解灌頂的意義。灌頂藏音唸成wang(旺)，是授權的意思，灌頂上師授權參加者在灌頂後可以觀想觀世音菩薩，獲准誦持六字大明咒，並且可以修持觀音菩薩的禪定。因此，參加灌頂前應問一下自己為什麼要參加？接受灌頂後，是否願意跟隨上師繼續修持？

4. 要懺悔淨罪。如果獲允念誦「金剛薩埵百字明咒」的人最好，因為灌頂前要懺悔清淨，以清淨的身口意接受灌頂。如果不會念，當上師用孔雀羽毛沾寶瓶內的甘露灑向群眾時，應觀想甘露水澆灌在自己頭頂，洗淨身、口、意的業障。

5. 觀想上師就是觀音。在法會進行期間，應該觀想上師就是四臂觀音，由四臂觀音為你灌頂。這樣你就可以得到觀音的灌頂和加持，如果你把上師看成普通人，你得到的將是普通人的加持。

6. 獻曼達，集聚福德資糧。為了要集聚福德資糧，必須念誦獻曼達文，並觀想用最好的供品供養上師。

7. 遵從上師的帶領確實進行觀想。法會中，上師告訴你應如何觀想，你必須照

著作，這樣可以得到身、口、意的灌頂。

8. 遵守誓言。灌頂完之後，從今天起答應上師要天天念六字大明咒或遵守上師告訴你要遵守的事。

9. 迴向眾生。最後要將參加法會的功德迴向一切眾生，願他們離苦得樂。

10. 參加灌頂後一定要進行實修。初學者經過四臂觀音隨允法會上師灌頂，領受觀音法門之後，可以在佛學中心請四臂觀音日修儀軌法本，每日依照日修儀軌，進行實修，才能獲得精進與利益。

四臂觀音灌頂法會儀式流程：

程序	動作	意義
1. 上師修前行法	a. 上師觀想本尊，並供養本尊，祈請本尊賜法。 b. 信眾念「金剛薩埵百字明」，懺罪，洗淨過去一切業障。	懺悔淨罪。
2. 前行—— 懺罪請法！	a. 上師念請法謁，祈請灌頂。 b. 獻請法曼達，請上師賜法。 c. 誦念「七支加行文」以懺罪。 d. 誦念不共的祈請文，祈請賜與身語意灌頂。	a. 向上師請法，賜予灌頂。 b. 奉獻珍寶請法。 c. 虔敬懺罪。 d. 再次虔敬向上師請法灌頂。
3. 正行—— 身語意灌頂	a. 身灌頂 b. 語灌頂 c. 意灌頂	這是灌頂最重要的時刻——傳授修持法門！ 觀想是灌頂中最重要的事，照著上師帶領，虔敬每一動作，才能獲得身灌頂真義，承受觀音法門。假若事前完全不了解這一段的目的與動作意義，所能接受領會的就很有限了。還有可能打瞌睡呢！
4. 結行—— 誓言供養迴向	a. 誓言 b. 獻感謝曼達 c. 供養自己 d. 迴向	a. 受灌之後，當遵守誓言，從此聽從上師的教導。 b. 獻上世上珍寶。 c. 將自己的身口意全部獻上，表達完全奉獻的誠意。 d. 不執著功德，發揚慈悲心念，將所受的所有功德迴向給眾生與親人，才是行菩薩道。

常見的觀音修持法有哪些？

佛教有八萬四千法門，最後的目的都是教人離苦得樂，走向開悟智慧之路。修持觀音法門，不論方法有何不同，基本上都是透過菩薩慈悲的引領，通達生命智慧之路。這種既能滿足眾生利益又能達到悟道的目的，使觀音法門成爲人們喜愛與親近的法門。茲將常見的觀音修持法列於下：

耳根圓通法門——來自《楞嚴經》，用禪定觀法達到徹悟究竟。

心經法門——是用觀照世間無常無我的方法，證得智慧實相。

本尊修法——如千手觀音本尊修法、四臂觀音本尊修法、紅觀音本尊修法等等。必須經灌頂傳授，上師教導，依據日修儀軌，進行觀想修持。

大悲咒修持法——不但能解除現實疾苦，也能親見清淨自在的本來佛性。

六字真言修持法——不但能獲得現世幸福，也因此而得「蓮花化生、恆在佛前。」

準提真言修持法——能得現世利樂，並能證得無上菩提聖果。

〈普門品〉持名法——強調觀世音菩薩的救濟，解脫現實人間的苦惱。

〈白衣大士神咒〉——主要爲了現世利樂，是民間化和普及化的法門。

〈延命十句觀音經〉——也是以消災延壽的現世利益爲目的，是民間廣爲流行的觀音法門。

當然，觀音法門還不只這些，這麼多的法門顯現出觀音菩薩的救渡方便，有深有淺，有本有末。每一法門最終目的是要帶領修行者親見清淨自在的本來佛性，因此，任何一種法門，不論層次高下，只要皈依佛法僧三寶，都應受到尊重。像〈白衣大士神咒〉雖近似民間信仰，仍是佛法中的一個層次。一般初學者可以從追求現世利益及眼前幸福開始，種下善根之後，逐步聽聞佛法，漸漸提高層次，有所體會，自然能修習其他精深的法門了。

如何修持觀音法？

與觀音有關的修持方式很多，一般台灣民間熟悉的是大悲懺法會或六字眞言持誦法。密宗的修法則比較重視觀想，身口意三業齊修，形式也嚴格很多，需上師的灌頂。不過，不論修哪種法門最重要的事是，要先發起慈悲心，這樣才能與菩薩相應。

想修觀音法門，該從什麼地方開始起修？

當你有興趣或已下定決心要修持觀音法門時，先別急著選定某一種修法，有一個最重要的事必須先具備，那就是——生起慈悲心。

修觀音法門的目的在於與觀音相應，觀音是佛法「慈悲」的體現，如果修持的人不能體悟這一點，再怎麼修也是白修，不過是把觀音當成達到現世利益的工具罷了。因此，從心中生起慈悲心，並時時湧現、時時護持這個悲心，才是修觀音的入門之鑰。觀音傾聽眾生的聲音，聞聲救苦，那麼你呢？你是否對周遭親人、朋友乃至於眾生，也有一顆傾聽的心？是否開了你的眼睛，看見他們的需要？開了你的耳朵聽見他們的聲音？不論你修到哪裡，到達任何一個高深境界，都要不忘初心。所謂「不忘初心」，指的便是這顆慈悲心。

如何選擇適合自己的觀音法門？

每一個修持者都是依著自己的因緣而修持。初學者可以依自己的心性、喜好與需要，選擇適合自己的觀音法門。剛開始初學者可以到佛學中心或道場，多聽聽講經、與師父溝通，說明自己的意願，並參加道場所舉辦的觀音法會，做為開始。

如何選擇適合自己的上師(師父)？

在學習佛法的道路上，無論什麼宗派都很重視上師的教導。一般小乘戒律主張「戒師」的重要性，顯宗的傳統裡也要求確實遵守以菩提道為本的「善知識」，而在密宗裡，上師是居於佛、法、僧三寶之後的第四寶，沒有上師就沒有了悟。《菩薩藏》記載：「實踐般若、菩薩地、忍辱、禪定、神通力、陀羅尼、自性、迴向和祈請等，成就一切菩薩行，或修得佛陀的一切法而得成就，都需要依賴上師的教導，上師是一切成就的根本。」

不過，在密乘修習中，上師具有特別重要的角色。密續經典對上師的資格有諸多規範，上師賜予灌頂也是有條件的。總的來說，一個具德

的上師自己必須先接受完整灌頂，嚴守戒律，不造惡業；實踐傳承上師的教法，修行成就；精通經典知識，深明戒定慧三學；有慈悲心，不傲慢、不貪婪；才能帶領弟子得證佛果。

弟子如何與上師(或師父)建立關係？

無論選擇顯宗或密宗修法，做弟子須具備以下五個條件，才有資格接受上師的教導：

1. 誠實而且具有智慧。

2. 對教法抱持濃厚興趣。

3. 聽聞教法時，能信賴教法的人。

4. 尊敬教法的人。

5. 能捨棄錯誤的教法，遵從正確教法。

優秀的弟子應該多聽聞教法，捨棄只知為現世利益打算的觀念，遠離不正確的分別心，而懷有拯救眾生脫離苦海的慈悲心，對本尊、上師與教法有堅定不移的信賴。

修法一定要有師父或上師的教導而不可以自行修持嗎？

在顯宗不似密宗講究傳承，但也強調除聲聞、緣覺外，一般人是無法靠自己證道的。在密宗，修法講究傳承，有上師的教導才能得到完整教學。密宗的看法是：

1. 修法是一個漫長生命過程，當中途有缺失或碰到障礙時，上師可以給予適時的糾正與幫助。

2. 取得了修法傳承，卻沒有上師教導，將得不到加持。

3. 沒有上師教導，很容易碰到魔障而走岔了路。

選錯法門怎麼辦？修到一半可以換法門嗎？

沒有選錯的法門，只有三心二意或偷懶的修行者。

每一種觀音法門都有特殊的修持法，經過師父傳法、灌頂而修持的法門，要修習多年以上才能體會個中精髓。初學者千萬不要一次學好幾種法門，應該在一段時間內專修一種法，把那種法修成就之後再轉修其他法門。這並不是說一輩子只能修一種法門，還是可以兼修其他法門。

一法等於一切法，只要一種法門修習成就了，修其他法門也就容易得心應手。

隨性更換法門就如同三天捕魚、兩天曬網，是一般人的通病。除非在修持某種法門時碰到極端障礙，根本修不了這種法門，這時才換其他法門，但仍要以一種法門為主修。

在什麼時間與地點才適合修持？如何設置修持場所？

在任何情況下都能修持，雖然是最理想狀況，但對於初學者來說，應選擇清淨的空間，即使是一個角落也可以。盡量與世俗活動相隔離，不陳設與修持不相關的物品。在這個地方擺放一桌子或佛龕，供奉佛像或佛的象徵物。在低一層處則陳設香、花、水、燭等供品。當然，如能供一尊觀音像最好，尤其是你所修持的觀音法門所描述的觀音像更好。

修持最好在每天的固定時間。大部分的人都喜歡在早晨日常活動前修持，因為此時的心境最寧靜。黃昏也很好。可依各人的生活習性與愛好而定。但應該有一個選擇，一旦決定，則必須每日遵行，養成習慣。

如何修持心經法門？

心經般若法門是大乘道六度最後成就的大法。玄奘法師在翻譯《心經》時，第一句話就將「觀世音」菩薩譯成「觀自在」菩薩，其實就說明了心經法門的修行在於「觀」，由觀而得「般若智慧」，了解不落兩邊的二元分別，於是「自在」。

出處

《摩訶般若波羅密多心經》。般若法門中大般若經有600卷，主要討論如何以智慧成就。大家熟悉的《金剛經》就是這600卷大般若經的精華，而精華中的精華則是這短短262字的心經了。

修行重點

依此法門修行的全部重點，在經文的第一段就說明清楚：「觀自在菩薩，行深般若波羅蜜多時，照見五蘊皆空，度一切苦厄。」一個人努力修行(行深)到無盡智慧的彼岸時(般若波羅蜜多時)，就會覺照出色、受、想、行、識此五蘊淨盡(五蘊皆空)，於是可以超脫生死界，不再受輪迴之苦（度一切苦厄）。

玄奘法師在翻譯《心經》時，一反前人譯法，將「觀世音」菩薩譯成「觀自在」菩薩，就說明修此法門首重「觀」，但這個「觀」不是用眼去觀，而是時時用「心」去「觀照」自己的起心動念。依佛學大師南懷瑾先生在〈心經修證圓通法門〉裡的說法：「從起心動念，慢慢起修，慢慢觀想，走路也好，做事也好，隨時不離心中自我觀照，等到智慧功夫深了以後……起心動念，時時明白，個個清楚，來的時候不歡迎，念頭就跑掉了；去的時候不追求，不理它何處消失，如果觀行漸深，觀到妄心雜念，既不來也不去，正好，一段空靈，得『初住』修息之境。」又說「念頭隨起隨消，如此一直修下去……到最後已不是觀了……不須念念再捨，而是自然靜，當下就『照』見五蘊皆空。」

關於般若心經法門的修行，在顯、密宗裡還有豐富的討論與著作，對於空性與智慧的見解，也因各自門派上的見地差別而有許多精彩的討論。不過，不論各派說法如何，每個人終歸都要在實證上見真章，所以不妨且修且走，聞思修並進。

檔案 48
什麼是耳根圓通法門？

所謂「耳根圓通法門」，就是用耳根聽音聲來修證，觀世音菩薩就是依此法門成道的。因為六根中以耳根最為敏銳，用之修行，極易成就，最適合耳根好的娑婆世界眾生，所以是修學佛法，證入三昧的極佳途徑。

▋ 出處

《大佛頂如來密因修證了義諸菩薩萬行首楞嚴經・觀世音菩薩圓通章》簡稱《楞嚴經》，原文如下：

爾時觀世音菩薩即從座起。頂禮佛足而白佛言。世尊憶念我昔無數恒河沙劫。於時有佛出現於世名觀世音。我於彼佛發菩提心。彼佛教我從聞思修入三摩地。初於聞中入流亡所。所入既寂動靜二相了然不生。如是漸增聞所聞盡。盡聞不住覺所覺空。空覺極圓空所空滅。生滅既滅寂滅現前。忽然超越世出世間。十方圓明獲二殊勝。一者上合十方諸佛本妙覺心。與佛如來同一慈力。二者下合十方一切六道眾生。與諸眾生同一悲仰。

▋ 功德成就

據《楞嚴經》所言，觀世音菩薩因修持此法門，獲得兩種殊勝：「一者上合十方諸佛本妙覺心，與佛如來同一慈力；二者下合十方一切六道眾生，與諸眾生同一悲仰。」也就是慈悲二心；並能得到「十四種無畏功德」，並成就「四不思議無作妙德」，也就是四種不可思議的智慧神通，能解眾生之難，救眾生之苦。

▋ 修持要領

依《楞嚴經》記載，當時有25位菩薩一一向佛報告自己的修學得證的方法，最後是觀世音菩薩，他報告自己修學的是耳根圓通法門。他說：「回想過去無量劫以前，有一位觀世音示現世間，那時我在佛前發下菩提心，佛便教我從聞、思、修三個階段去修證，因此我便從先聽聞佛法，然後思維經典所言，再依法奉行修持。如此才修入三摩地，成就菩提。我最初在耳根聞聲的境界中，就能入於能聞的自信之流，亡去所聞的聲音之相。再由這了無所聞的寂滅中進修。有聲與無聲的動靜兩種境象，雖都了然無礙，而卻一念不生。如此漸加精進，能聞與所聞的作用功能，都渙然冰釋淨盡。至於能所雙忘，盡聞無像的境界也無所住，從此所覺與能覺也都空了，空與覺性就渾然一體，至極於圓明之

境。由此空與所空都滅，自然就滅盡生滅的作用。於是絕對真空的寂滅自性，就在當下現前。由此忽然超越世間與出世間所有的境界。」

聖嚴法師曾在《佛教入門》說到，此一法門是修定發慧的方法，做為初入門者的初步修法，可稱為「聞聲音法」，共分四個步驟：

(1) 專念普聽一切聲音，不選擇對象，不分別對象，由大至小，由近至遠，不以耳根去聽，乃讓聲自來。

(2) 知道自己在聽聲音，也有聲音在被自己所聽，此時只有聲音和自己的和應，沒任何雜念現前。

(3) 僅有聲音而忘失了自己，自己已融入無分別無界限的聲音之中。

(4) 聲音與自己雙亡雙照，雙亡則無內外自他，雙照則仍歷歷分明，故與世間的四禪八定的僅存獨頭意識的境界不同，也與小乘的滅受想定有異。

經此四階，再對照《楞嚴經》所言：「初於聞中，入流亡所，所入既寂，動靜二相，了然不生，如是漸增，聞所聞盡，盡聞不住，覺所覺空，空覺極圓，空所空滅，生滅既滅，寂滅現前，忽然超越世出事間，十方圓明。」繼續用功修行。

密宗觀音本尊法如何修證？

藏密中有本尊修法，所謂「本尊」是指學習的對象。將觀音視爲本尊，做爲學習對象，觀想他，並進而觀想自己就是他，就是本尊修法。

在藏密觀音中，每一本尊的悲願是相同的，但都有各自的形象與修法，像四臂觀音、千手千眼觀音、十一面觀音都有其特殊的本尊修持儀軌。以下舉藏密的四臂觀音本尊修法來說明。初學者在經過四臂觀音隨允法會上師灌頂^註，領受觀音法門之後，可以在佛學中心請四臂觀音日修法本，每日依照法本，如法實修。

實修場所：找安靜、寬敞、空氣流通的處所。

實修時間：精神清醒時刻，每天固定在同一時間修持，養成習慣。

實修物件：日修儀軌法本、本尊法相、念珠。

日修程序：

以下提供四臂觀音日修簡軌做爲參考——

1. 前行——皈依發心	爲無量眾生與我心，發慈悲喜捨四無量心。
2. 正行——觀想持咒	1. 觀想—— 觀想慈愛、智慧具足的觀音本尊來到自己面前。要仔細觀想本尊的法相。 2. 持咒—— 持念觀音心咒，觀想自己昇華成本尊。反覆持誦時，觀想觀音放出懷愛、慈悲、平和，遍滿一切宇宙之眾生。 念眞言：「唵嘛呢唄美吽」108遍，放無量慈悲光於眾生。 3. 收攝並出定下座—— 觀想自己全身化光消失不見，收攝觀音身，避免墮入我執，以免行住坐臥都在觀空畫面之中。
3. 結行——發願迴向	將修持的功德迴向給眾生，願一切有情皆成爲慈悲及觀照對象。迴向是不執著功德，發揚慈悲心念。

註　請見第44檔案〈要如何參加密宗觀音灌頂法會？〉

大悲咒要如何持誦？

大悲咒是千手千眼觀音的根本咒。據史料顯示智覺禪師每日佛事中有一件就是「常六時誦千手千眼大悲陀羅尼，普為一切法界眾生，懺六根所造一切障。」一般深信大悲咒能消業障往生淨土，不過這是大悲懺儀制定者知禮和尚給大家的方便。終究，若能在念誦之時進入止觀才是更快的方法。

出處

大悲咒出自《千手千眼觀世音菩薩廣大圓滿無礙大悲心陀羅尼經》，俗稱《千手經》，其咒全名為《千手千眼觀世音菩薩廣大圓滿無礙大悲心陀羅尼經大悲神咒》，梵文 Maha-Karunika-citta-dharani，共有 84 句 415 字。來源如下：

有一回，釋迦牟尼佛在普陀洛迦山觀音宮殿裡，準備演說總持陀羅尼，當時各大菩薩以及眾阿羅漢、天龍八部和山神土地等等皆前來參加。觀世音在大會中祕密施放神通大光芒，照耀十方世界的佛土，使三千大千世界輝耀金色光芒，大地震動。觀世音宣說他所得的真言：「我懷念在過去遙遠的劫世，曾有一佛，名叫千光王靜住如來，他憐憫我和一切眾生的緣故，便教我說這個廣大圓滿無礙的大悲心陀羅尼，並用金色手摩按我的的頭頂，對我說：『善心的男子啊，你該持唸這個心咒，為未來惡世眾生，造作利益與安樂。』當時，我才剛進入初地的修行，一聽到神咒，就把我提升到八地的修行功德，滿心歡喜，因此當下立誓：『若我真能如願，利益一切眾生的話，那就讓我現在能生出具足的千手千眼。』我的誓才發完，我的身體果然生出具足的千手千眼，引起十方大地六種震動，而十方星際世界的眾佛都放出光芒，照射在我身上和無邊世界……從那時起，我就時時持誦此咒，不曾拋棄或忘記。」

功德成就

根據《千手經》，常持大悲咒能得十大利益、得十五善生、不受十五種惡死。圓滿眾生一切願望，並治八萬四千種病。

修持法

此咒屬於密教部類，是一種素樸的密法，雖無上師傳承，人人也都可修。修持大悲咒者應：

1. 要先起感恩心，皈依大悲觀音本尊和此神咒。

2. 起慈悲心發願，與觀音相應。並祈請觀音摧毀一切惡障，幫助我們得到圓滿清淨的境界。

3.誠心稱念「南無大悲觀世音菩薩」名號以及「南無阿彌陀佛」名號。

4.誦念 21 遍或 49 遍 84 句大悲咒，滅除身中百千億劫生死重罪。

5.念誦皈依佛法僧三寶。

6.誦迴向文，將功德迴向眾生。

忙碌的現代人如何修大悲咒？

　　每天要持誦 21 遍或 49 遍 84 句大悲咒，對忙碌的現代人來說，可真有些困難，有個變通方法：可以長短兼持。每天早晨持修時，先誠心稱念菩薩名，然後再持數次 84 句大悲咒，之後可持數百次大悲咒心咒。同時在當天任何可持誦的時間裡，隨時隨地持此心咒。

　　大悲咒心咒：唵 嚩 日囉 達磨 紇哩

　　持一遍心咒的功德，與持一遍 84 句大悲咒的功德是一樣的。在繁忙的現代社會中，修行人每天持咒修行的時間很有限，再加上無法背誦長咒，那麼持誦簡短的心咒，不失為一個好方法。

伊醯利 室羯室羯 阿照哆 佛囉舍利

罰沙罰嗲 佛囉舍耶（囉通作） 呼嚧呼嚧摩

囉 呼嚧呼嚧醯利（下做此通作盧 呼嚧呼嚧摩） 舍耶 呼嚧呼嚧 蘇

嚧蘇嚧 菩提夜菩提夜 菩馱夜菩馱夜 彌帝（娑囉娑囉 悉利悉利 蘇）

利夜 那囉謹墀 地唎瑟尼那（唎通作利） 波夜摩

摩那 娑婆訶 悉陀夜 娑婆訶 摩訶悉陀夜（波夜 娑婆訶）

囉謹墀 娑婆訶 悉陀喻藝 室皤囉夜 娑婆訶 那

娑婆訶 悉陀喻藝 室皤囉夜 娑婆訶 摩訶悉陀夜（摩囉那囉）

大悲心陀羅尼經

十二

悉哆夜（陀通作） 娑婆訶 那囉謹墀皤伽囉耶 娑

娑婆訶 摩婆利勝羯囉夜 娑婆訶 那囉謹墀皤

婆訶 者吉囉阿悉陀夜（陀通作） 娑婆訶 波陀摩羯

那哆囉夜哪（通作耶下做此） 娑婆訶 南無阿利耶 婆嚧（羅通作） 吉

帝 爍皤囉夜 娑婆訶 唵悉殿都 曼哆（哆通作）

囉 鉢跢囉耶（跢通作馱陀通作） 娑婆訶

觀世音菩薩説此咒已大地六變震動天雨寶華繽

生。起大悲心。開顏含笑。即說如是廣大圓滿無礙大

悲心大陀羅尼神妙章句。

陀羅尼曰。

南無喝囉怛那哆囉夜耶（下通作此耶）

南無阿唎耶

婆盧羯帝爍鉢囉耶　菩提薩跢婆耶（下通作此埵）　摩

訶薩跢婆耶（伽通作此耶）　摩訶迦盧尼迦耶（下通作此）　唵　薩婆

囉罰曳　數怛那怛寫　南無悉吉利（喋通作此埵依蒙）　南無那囉謹

阿唎耶　婆盧吉帝室佛囉㘄馱婆

大悲心陀羅尼經

十一

墀（同）　醯唎摩訶皤哆沙咩　薩婆阿他豆輸朋

阿逝孕　薩婆薩跢那摩婆薩跢（此五字失那摩婆伽舊本）　摩罰特豆　怛姪他

唵阿婆盧醯　盧迦帝　迦羅帝　夷醯唎（醯同）　摩訶菩提薩埵　薩婆薩婆

摩囉摩囉　摩醯摩醯唎馱孕　俱盧

俱盧羯懞（蒙通作此）　度盧度盧罰闍耶帝　摩訶罰闍

耶帝　陀囉陀囉（陀同）　地利尼　室佛囉耶

遮囉遮囉（通作囉庶羅）　摩麼罰摩囉（至此稱某）　穆帝麗

《千手千眼觀世音菩薩廣大圓滿
無礙大悲心陀羅尼經大悲神咒》
民間刻本

六字大明咒要如何持誦？

六字大明咒，又稱六字真言，是藏傳佛教六字觀音的根本咒，由於咒語簡短易記，功德成就極大，成為世間人們喜愛持誦的真言。此咒不但在西藏家戶戶誦念，甚至在漢地、西方世界也很盛行，可算是流行全世界的觀音神咒。

▌咒文

唵嘛呢唄美吽

意譯：禮敬蓮中寶。

唵──為一切音聲之始；嘛呢──如意寶珠；唄美──蓮花；
吽──祈願成就之意。

▌出處

六字大明咒，最早出現在梵文經典《大乘莊嚴寶王經》。

當時，有一尊菩薩叫除蓋障菩薩，懇求釋迦牟尼佛傳授他「六字大明咒」，釋迦牟尼佛不但傳授給他，還告訴他這個咒的來源：

「除蓋障菩薩，你要知道，這六字大明咒得來真是不容易呀！我在過去生中，向蓮華象王佛學習的。而蓮華象王佛當初為了要學習這個咒，經過了無數的世界，花費了不少心血，到處尋求，都徒勞無功，最後來到西方極樂世界拜見阿彌陀佛，阿彌陀佛再請觀世音菩薩把六字大明咒傳授給他。當觀世音菩薩傳給他的時候，出現了種種瑞相：整個大地震動；天上也有種種的寶花墜落下……蓮華象王佛得到六字大明咒以後，運用它渡了無量無數的眾生……」

▌持誦法

六字大明咒是我們呼喚觀音的一種方法。當我們不斷呼喚他時，他便能無止息的回應我們。這是最方便廣博的觀音修持法門，在平時的行住坐臥中都可持誦。念時身心清淨，念法是放鬆身體，從海底輪的位置，也就是身體前後左右的中央──臍下四指之處，以此為定點念起，一個字一個字慢慢地念，不要太用力，不要太急燥。另外，持念六字真言還可以治病消障，當身體有哪個部位不舒服時，就用那個部位來持念咒語。例如肚子不舒服，就觀想咒語從肚子念起來對治病障。不同教派、師承有不同的持誦法，各人可依自己的因緣喜好選擇持誦法。

能療疾解苦的大悲水要怎麼求？

觀世音菩薩大悲水法是一個講究實用功德的修法。平時持誦大悲咒的人，可以祈求大悲水，以集中凝聚您持咒之功德，達到治病、消災、避邪。

出處

依各寺院或師承有所不同。

功德成就

1. 大悲水可以給病人喝、可以灑在病人身上、放入病人洗澡水中或洗衣水中，也可以灑淨家中陽台、浴室、廚房或房子等等。只要家中有人生病，都可用大悲水化解。

2. 若家庭不和，可在家人睡眠中，滴灑數滴大悲水，淨除纏身業障，令全家和樂。

修持法

修此法必須發大悲心。視人之病如己之病。若存貪名圖利之念，恐無靈驗。以下以彩靈老法師習自湖南惟清法師之大悲水法為例介紹：

1. 禮敬三寶

以淨瓶或淨碗盛水陳列佛前，然後上香恭敬禮拜。

誦文：南無常住十方一切諸佛 / 一切尊法 / 一切菩薩賢聖僧 / 南無娑婆教主大慈大悲本師釋迦牟尼佛 / 南無西方極樂世界大慈大悲阿彌陀佛 / 南無過去無量億劫千光王靜住佛 / 南無廣大圓滿無礙大悲心陀羅尼神妙章句 / 南無千手千眼大慈大悲救苦救難廣大靈感觀世音菩薩嘛哈薩

2. 持誦真言

長跪合掌，虔誦以下八咒各21遍。並稱念佛菩薩。八咒分別是：淨法界真言、文殊菩薩護身咒、大輪一字咒、六字大明咒、準提陀羅尼、藥師灌頂咒、五字明以及大悲咒心咒。

3. 畫寫梵字

誦念完畢，右手結寶手印，左手做金剛拳，置於腰際，以右手無名指畫上列八咒梵字於淨水。一邊畫一邊誦念所畫之咒。畫完，迴向。自飲一口，並以十指沾水少許。

簡易的大悲水修法：拿一杯清水，點三柱香，拜了觀音，就對水發極誠懇的心念大悲咒，最少七遍越多越好，這水就叫大悲水。

怎樣透過咒語拍電報給佛菩薩？

咒語，梵文 mantra，又叫真言。咒語如同祕密口令，說咒語就如同拍電報，與諸佛菩薩本尊溝通相應。修行者天天拍電報和本尊溝通，持之以恆，時日久了，修行功力增加了，自然而然便能與本尊契合。

為什麼咒語具有大力量？

咒語是諸佛菩薩修持得果的心髓，經過歷代上師的傳誦與加持，所以有大力量。世上有無數的佛，因此有無數的真言。而同一真言法門，也有無數佛修持得果。即使不懂咒的義理功德，只要了解咒語是珍貴的，誦唸它，一樣能獲得很大的加持。咒是經的精髓，經是咒的延伸，因此念咒等於念經。

佛法的奧祕與知識顯露在三個地方：

經（Sutra）——即顯宗的經書，是大家都可以閱讀的佛法知識。

續（Tantra）——即密宗的經書，是傳授給個人的佛法修持。

咒（Mantra）——即直接透過念咒的方式，與本尊相應的修持法。

心性智慧夠的人，對於佛法義理很快就能心領神會，直接修咒就可以得佛法智慧，但這畢竟是少數。一般平凡人必須透過讀經，了解佛法義理，再加上密續、持咒，來開悟愚頓的心智。

持咒貴在誠心

持咒修行貴在誠心，要相信咒語的力量，念到純熟，一心不亂時，自己就會有感應。

至於咒語的意義，並不一定能完全知道，何況有些咒語只是發某種音，並不含任何意義。這就是為什麼有些人認為念咒者不一定要了解咒語，卻同樣能達到一樣的感應。不過，對於忙碌的現代人而言，先了解基本意義，可能比較容易記誦起來。

你常聽到的是十一面觀音神咒？
還是大悲咒？

十一面觀音神咒在西藏、印度極盛行，近年來，台灣也有盛行趨勢。不過，坊間常將此咒冠上「藏音大悲咒」之名，其實這個咒語和漢地的大悲咒並不相同。

咒文

依周宇文氏天竺三藏耶舍崛多譯《佛說十一面觀世音神咒經》中所說十一面觀世音神咒經（大正新脩大藏經 第二十冊 No. 1070）：

我今當承佛神力而說咒曰

南無佛陀耶　南無達摩耶　南無僧伽耶

南無若那婆伽羅　毘盧遮那耶　多他伽多

耶　南無阿利耶跋路　吉帝攝婆羅耶　菩

提薩埵耶　摩訶薩埵耶　摩訶伽樓膩伽耶

南無薩婆哆他伽帝毘耶　阿羅訶陀毘耶

三藐三佛提毘耶　多姪他　唵陀羅陀羅

地利地利　豆樓豆樓　壹知　跋知　遮離

遮離　缽遮離　缽遮離　鳩蘇咩鳩蘇摩

婆離　伊利彌利脂致　闍羅摩波那耶

冒地薩埵　摩訶伽　盧尼迦　娑波呵

出處

此咒是十一面觀音的根本咒語。此咒在歷史上有四個漢譯版本，最早是西元561-577年間耶舍崛多譯《佛說十一面觀世音神咒》。西元656玄奘譯《十一面神咒心經》。西元746-774年間不空譯《十一面觀自在菩薩心密言念誦儀軌經》。

持誦法

修行時可先持誦數遍完整咒語(根本咒)，再持誦心咒，持誦次數可自己決定。若是時間不足也可以直接持誦心咒，所達到的功德成就是一樣的。

藏音修行版大悲咒

近來市場上出版很多〈藏音修行版大悲咒〉，其實就是十一面觀音神咒。以下列舉此現代版十一面觀音神咒：

1. 南摩 惹納 達拉雅雅 南摩 阿里雅 佳納 薩嘎拉 貝勒佳納 尤哈 拉佳雅達 他嘎達雅 阿啦哈帝 桑雅布達雅
2. 納摩 薩嚕 哇達 他嘎提唄桑雅 桑布提唄
3. 南摩 阿里雅 阿哇嚕格帝 秀哇啦雅 布地薩埵哇雅 瑪哈 薩埵哇雅瑪哈 嘎嚕尼加雅
4. 達地雅他
5. 嗡 達啦 達啦 提力 提力 杜露 杜露 易笛 威易笛 加列 加列 不啦加列 不啦加列 固蘇美 固蘇瑪 哇壘 易利 密利 積地 作哈啦 瑪巴納雅
6. 梭哈

咒文大意有三段：首先是禮敬三寶、禮敬諸佛以及觀自在菩薩。再來是念誦中心咒語，此段咒語是透過某些意義不容易了解的神祕聲音，加上部份有字面意思的文字，來向十一面觀音祈求。最後以吉祥圓滿的讚嘆結束。

持誦準提咒能得生命清淨？

準提咒是準提觀音的根本咒語，屬顯教日修十小咒之一，是佛教徒每日必誦咒語，在中國、日本和斯里蘭卡等地流傳甚廣，台灣也有許多人修持準提咒。

咒文

南無 颯多喃 三藐三菩陀 俱胝喃 怛姪他 唵 折戾 主戾 準提 娑婆訶

出處

準提咒是準提觀音(或名「七俱胝佛母」)的神咒。準提咒來源於《佛說七俱胝佛母心大準提陀羅尼經》(唐地娑訶羅譯)和《七俱胝佛母所說準提陀羅尼經》(唐不空譯)。

功德成就

準提，意思是清淨。持準提咒能得清淨心，增福增壽，消除災難病痛。

持咒基本要求

和其他咒語相較，準提咒行者的要求較為寬鬆。唐代善無畏所譯的《七俱胝獨部法》中說：

作此法不簡在家、出家，若在家人飲酒、食肉、有妻子，不簡淨穢，但依我法，無不成就。

可見飲酒、葷食、娶妻者、不淨之人都可修持，得到成就。

持誦法

1. 持誦準提咒之前，可以先念誦：稽首皈依蘇悉帝，頭面鼎禮七俱胝，我今稱讚大準提，惟願慈悲垂加護。

2. 持續持誦此咒即可。

56
如意寶輪王陀羅尼能讓所求圓滿！

如意寶輪王陀羅尼是如意輪觀音的根本咒，可能是由於咒名有如意二字的關係，人們特別喜愛誦持。根據義淨所說，此咒「能於一切所求之事，隨心饒益，皆得成就」，「能令眾生求願滿足，獲大果報」。

▎咒文

南無佛陀耶 南無達摩耶 南無僧伽耶
南無觀自在菩薩摩訶薩 具大悲心者
怛姪他
唵 斫羯囉伐底 震多末尼 摩訶鉢蹬謎
嚕嚕 嚕嚕 底瑟矺 爍囉
阿羯利沙夜 吽發 莎訶

▎出處

如意寶輪王陀羅尼出自《如意輪陀羅尼經》，有三種譯名，依據義淨譯本為「青蓮華頂栴檀摩尼心，金剛祕密常加護持，所謂無障礙觀自在蓮華如意寶輪王陀羅尼心咒」。菩提流志譯本為「大蓮華峰金剛祕密無障礙如意輪陀羅尼」。寶思惟譯本為「蓮花峰金剛加持祕密無礙官世音蓮華如意摩尼轉輪心陀羅尼」。

「如意寶」是一種寶珠，梵語叫摩尼，這種珠寶能夠生出種種東西來，要什麼就生什麼來，能稱大家心頭的意思，所以叫如意寶珠，是一切寶貝裡頭最珍貴的，藉來表顯心性的靈妙，能夠生出一切法來。「輪」是法輪轉動，就是把佛的智慧妙法都轉到眾生心裡頭去。「王」則表示這個咒語的尊貴。

▎持誦法

和準提咒一樣，是修持限制很少的咒語。任何人、任何時間，皆可持咒，只要持咒就可所求圓滿。

觀音還有那些常見的神咒？

民間流傳許多觀音神咒，提供讀者作為參考：

• 白衣神咒

▌咒文

南無大慈大悲救苦救難廣大靈感觀世音菩薩

南無佛 南無法 南無僧

南無救苦救難觀世音菩薩

怛只哆 唵 伽囉伐哆 伽囉伐哆 伽訶伐哆

伽囉伐哆 伽囉伐哆 娑婆訶

天羅神 地羅神 人離難 難離身 一切災殃化為塵

南無摩訶般若波羅密

▌出處

　　白衣大士神咒，究竟出自那一部經典呢？是什麼人翻譯的？因為缺乏資料，現在已經無從查考了。不過，這個咒很早就在中國民間普遍流傳著，可以說是家喻戶曉的。雖然是屬於民俗信仰，但是，內容卻是皈敬三寶和皈敬觀世音菩薩。所以，以觀世音菩薩是大慈大悲，有求必應，只要能夠虔誠信仰和持誦，一定可以得到觀世音菩薩的護佑。

　　此咒文，在一般佛寺裡面，隨時都可以請得到。一般都是印在一張紙上；也有的印成一本小冊子。除了咒文，同時還印了白衣大士的聖像，以及印著六百個小圈圈的念咒圖，讓持誦的人用來記數。

　　功德成就：求病癒、消災、解厄、求福、求子、求壽。

▌修持法

　　每日誦持時須沐手焚香，在大士聖像前至誠頂禮，誦念前先「香讚」，並念淨口業真言、淨身業真言、安土地真言，然後誦咒。誦畢，誦發願迴向文三遍。

　　誦咒滿 20 遍，就用潔淨硃筆點一圈，點完六百圈，共計誦咒 1200 遍，為滿一願。即當齋供，焚化爐內。用潔淨紙包裹字灰，送擲於長流水中，並印送此咒 1200 卷，有求必應。

• 觀音靈感真言

　　唵 嘛呢唄美吽 麻葛倪牙納 積都特八達 積特些納 微達哩葛 薩而幹而塔 卜哩悉塔葛

納補囉納 納卜哩 丟弎班納 納麻嚧吉 說囉耶娑訶
※此咒爲夢授咒。

• 觀音開智慧咒

唵嘛呢唄美吽 南摩哇尼本打 娑訶
※逢月蝕夜，誦一千遍，可頓開智慧。

• 觀世音聰明咒

南無大慈大悲救苦救難，廣大靈感觀世音菩薩摩訶薩(七稱)
唵 婆囉婆囉 三婆囉 三婆囉 印涅利野 彌輪陀尼 唅嚧唅嚧 折唎曳 銷訶
※若常誦此神咒，其智超越常人。

• 祕傳觀世音菩薩開智慧咒

1. 唵嘛呢唄美吽 打雅他
   嘎洒雜納拉拉得 娑訶
2. 唵嘛呢唄美吽 打雅他
   嘎雅雜 嘎納得 娑訶
3. 唵嘛呢唄美吽 打雅他
   嘎把雜 嘎雜納 嘛拉得 娑訶

※上列三咒，均每誦七咒，向水吹氣一口，飲之則得智慧大開，亦
可留少許洗目。

• 觀世音菩薩治病眞言眞言

唵 啤嚕納崎 煎都喜好 祕沙媽 靴哈(木) 煎都崎悲些那打 啤那鴉 娑訶
※此咒在康藏爲極祕之咒能治百病和各種奇難雜症。據傳來源於藏
王聘蓮花生大士入藏前，西藏爲邪魔鬼怪之淵藪，怪病叢集，人民痛苦
萬分，因而千手千眼觀音傳治病眞言給蓮花生大士，治一切病苦和奇
難。

想要親近觀音，要往哪兒走？

除了由閱讀佛典、參加法會等方式親近觀音之外，我們還可以實地參訪觀音寺院，濡沐觀音清淨聖地的莊嚴。

地點	寺院名	特點
浙江省	普陀山	中國最大的觀音道場
浙江杭州	上天竺寺	中國白衣觀音的起源傳說地，中國最大的地方性觀音道場。
河北承德外八廟	普寧寺大乘之閣	供有中國最大的木雕千手觀音
西藏拉薩	布達拉宮	西藏觀音聖地
河北正定	隆興寺	供有中國最大銅鑄觀音
四川大足寶頂大佛灣	觀音殿	著名的石雕千手觀音
福建廈門市	南普陀寺	閩南觀音的主道場
台灣台北	龍山寺	供奉十八世紀觀音像
台灣鹿港	龍山寺	供奉十七世紀七寶古銅觀音
嘉義縣番路鄉	半天岩紫雲寺	供奉十七世紀觀音像
龜山	興隆寺	供奉有三百年歷史的十八臂準提觀音
台南	法華寺	供奉有三百年歷史的十八臂準提觀音
台南大南門外	竹溪寺	供奉清代十八臂準提觀音
日本奈良	法隆寺	供唐代九面觀音像
日本奈良	唐提招寺	供盛唐風格的千手千眼觀音塑像
馬來西亞檳城	極樂寺	相當十三層樓高的觀音坐像，冠絕亞洲。

觀音明齋

- 正月初八
- 二月初七、初九、十九日
- 三月初三、初六、初十三日
- 四月二十二日
- 五月初三、十七日
- 六月十六、十八、十九、二十三日
- 七月十三日
- 八月十六日
- 九月十九、二十三日
- 十月初二
- 十一月十九、二十四日
- 十二月二十五日

河北承德普陀宗乘廟
該寺由近四十座建築物組成，殿宇依山取勢，佈局自然。其中普寧寺供有中國最大的木雕千手觀音。（王露攝）

佛教紀念日

節日	農曆日期	節日	農曆日期
釋迦牟尼佛成道紀念日	十二月初八	韋馱菩薩聖誕	六月初三
彌勒菩薩聖誕	正月初一	觀音菩薩成道紀念日	六月十九
釋迦佛出家紀念日	二月初八	大勢至菩薩聖誕	七月十三
釋迦佛涅槃日	二月十五	地藏菩薩聖誕	七月二十九
普賢菩薩聖誕	二月二十一	觀音菩薩出家紀念日	九月十九
觀音菩薩誕辰日	二月十九	藥師佛聖誕	九月二十九
準提菩薩聖誕	三月十六	阿彌陀佛聖誕	十一月十七
文殊菩薩聖誕	四月初四	釋迦尼佛成道日	十二月初八
釋迦牟尼佛聖誕	四月初八		

書中自有觀世音！

與觀音有關的經典非常多，茲列舉常見的版本與譯者於下，讀者可以自行做進一步的閱讀。

經名	譯者	出處
《大佛頂如來密因修證了義諸菩薩萬行首楞嚴經》卷第六《觀世音菩薩圓通章》	中天竺沙門般剌蜜帝於廣州制止道場譯出	大正新脩大藏經 第十九冊 No. 945
《妙法蓮華經》卷第七《觀世音菩薩普門品》	姚秦三藏法師鳩摩羅什譯	大正新脩大藏經 第九冊 No. 262
《般若波羅蜜多心經》	唐三藏法師玄奘譯	大正新脩大藏經 第八冊 No. 251
《千手千眼觀世音菩薩廣大圓滿無礙大悲心陀羅尼經》	唐西天竺沙門伽梵達摩譯	大正新脩大藏經 第二十冊 No. 1060
《十一面神咒心經》	大唐三藏法師玄奘奉詔譯	大正新脩大藏經 第二十冊 No. 1071
《佛說十一面觀世音神咒經》	周宇文氏天竺三藏耶舍崛多譯	大正新脩大藏經 第二十冊 No. 1070
《佛說觀無量壽佛經》	宋西域三藏畺良耶舍譯	大正新脩大藏經 第十二冊 No. 365
《不空羂索神咒心經》	唐三藏法師玄奘奉詔譯	大正新脩大藏經 第二十冊 No. 1094
《不空羂索咒經》	隋天竺三藏闍那崛多譯	大正新脩大藏經 第二十冊 No. 1093
《不空羂索神變眞言經》	大唐天竺三藏菩提流志譯	大正新脩大藏經 第二十冊 No. 1092
《不空羂索陀羅尼自在王咒經》	唐天竺三藏寶思惟奉詔譯	大正新脩大藏經 第二十冊 No. 1097
《請觀世音菩薩消伏毒害陀羅尼咒經》	東晉天竺居士竺難提晉言法喜譯	大正新脩大藏經 第二十冊 No. 1043
《觀世音菩薩授記經》	宋黃龍國沙門曇無竭譯	大正新脩大藏經 第十二冊 No. 371
《悲華經》卷第二《大施品》第三之一	北涼天竺三藏曇無讖譯	大正新脩大藏經 第三冊 No. 157
《大方廣佛華嚴經》卷第六十八《入法界品》第三十九之九	于闐國三藏實叉難陀奉　制譯	大正新脩大藏經 第十冊 No. 279
《解深密經》卷第四《地波羅蜜多品》第七	大唐三藏法師玄奘奉 詔譯	大正新脩大藏經 第十六冊 No. 676
《觀世音菩薩祕密藏如意輪陀羅尼神咒經》	唐于闐三藏實叉難陀譯	大正新脩大藏經 第二十冊 No. 1082
《如意輪陀羅尼經》	唐天竺三藏菩提流志譯	大正新脩大藏經 第二十冊 No. 1080
《觀世音菩薩如意摩尼陀羅尼經》	唐天竺三藏寶思惟譯	大正新脩大藏經 第二十冊 No. 1083
《佛說大乘莊嚴寶王經》	西天中印度惹爛馱囉國密林寺三藏賜紫沙門臣天息災奉 制譯	大正新脩大藏經 第二十冊 No. 105050
《佛說七俱胝佛母准提大明陀羅尼經》	唐天竺三藏金剛智譯	大正新脩大藏經 第二十冊 No. 1075
《七佛俱胝佛母心大准提陀羅尼法》	唐善無畏奉詔譯	大正新脩大藏經 第二十冊 No. 1078
《千手觀音造次第法儀軌》	中天竺國三藏善無畏奉詔譯	大正新脩大藏經 第二十冊 No. 1068
《高王觀世音經》		

《高王觀世音經》
東魏天平年中，高王時人所感得之觀音經也。《續高僧傳》二十九，《法苑珠林》二十五謂之《觀世音救生經》，又云《高王觀世音經》。

與觀音相遇在網上！

本書對觀音的介紹，基本上是幫初學者快速勾勒出觀音的概略輪廓，讓想親近觀音的人不會在枝節上打轉，而直接掌握學習藍圖。當你握有這六十個觀音檔案時，想進一步了解任何一個檔案的相關內容，在此介紹一個最方便的資料庫「台大佛學研究中心」。

網址：**http://ccbs.ntu.edu.tw/c-CBS.htm**

◎ 台大佛學中心是目前全世界第一座較完整的中英文佛學資料庫。它的網路資源，主要分為兩種類型：一是靜態的佛學資料庫，提供使用者查詢或蒐集佛學相關資源，任何人皆可隨時上網尋找所需資訊，並以E-mail將檢索到的資訊立即傳回個人電子郵件信箱；一是可以形成互動的 BBS 站，具有網際諮詢、討論、發表、對談、傳輸等多項功能。

◎ 佛學資料庫的部分目前收錄了七萬多筆資料，包括中、英、日文書籍、期刊、論文集、博碩士論文等。讀者可藉由檢索系統查詢所需的資訊。

◎ 佛經原典的查詢：不但提供漢文還有梵文、藏文、巴利文。從此不用苦苦到圖書館翻大藏經，只為了查幾個名詞。

◎ 教學系統：現有梵文、藏文、巴利文字母、文法及原典的教學，配合語音系統，使用者可在線上直接學習原典語文。

◎ 電子佛教辭典的線上查詢功能，隨時能回答你基本問題。

◎ 網路連線：由台大佛學中心連線出去的網站基本上可以放心，一定是正信的佛教網站，這點實在是很重要，因為佛教網站有太多魚目混珠者。

由台大佛學研究中心連線出去後，就如進入佛學大海，每個網站都有很好的風景，建議您不要貪看風景，結果採了一堆雜花，卻沒學通佛陀的教理。因此，提醒你，不論你由哪個議題開始進入，都要記得對它做一定程度的了解，才換新題目。這就像修行一樣，選擇一門深入，才看得見成績。

觀音圖像
——如何辨識觀音造像？

文・張宏實、顏素慧

　　觀音菩薩，梵語Avalokitesvara， 是顯宗著名的四大菩薩之一，也是密宗著名的八大菩薩之一。他是一位追求自己證悟智慧，又有慈悲心，能幫助他人解脫生死的菩薩。

　　在佛教的兩大信仰系統裡，小乘佛教「唯禮釋迦，無十方佛」，只尊崇釋迦牟尼佛，沒有菩薩的觀念；大乘佛教除了強調十方諸佛的觀念外，更推崇能廣渡眾生的菩薩，因此在十方世界裡有百千億的菩薩。

　　大乘佛教又分為顯宗與密宗，顯宗是透過顯露的文字言語教導眾生，也就是釋迦牟尼佛終其一生所宣講的教法；密宗是用祕密咒語、隱含的精深文義，也就是大日如來所宣說的。因此，顯宗教主是釋迦牟尼佛，密宗教主是大日如來，他們分別開展出廣博深邃的大乘佛教世界。觀音菩薩在顯宗與密宗的領域裡，歷經時空遷移，樣態各異，展現出各異其趣的圖像世界。

　　以下將分別從「單尊式」、「三尊式」二大類別，深入解析印度、西藏、以及漢地觀音的圖像世界。

六字觀音 西藏 **19**世紀
（陳百忠提供）

觀音造像流變脈絡表

三尊式

類型 1—釋尼牟尼居中

左彌勒菩薩(單盤趺坐)
右觀音菩薩(題記說明)
始自印度1世紀左右，延續至3世紀後半。

左彌勒菩薩(持水瓶)、
右觀音菩薩(頭上有化佛)
印度犍陀羅時代(247)

彌勒菩薩(深膚、持瓶)
觀音菩薩(淡膚、持蓮)
西藏12-13世紀

(見第144頁)

類型 2—阿彌陀佛居中

兩旁是
漢地，5

兩旁是
以及觀
西藏12-

(見第146頁)

單尊式

觀音形體與性別

顯宗
常人模式 (Human Form)

印度

蓮華手菩薩(1面2臂2足)
男性，王子裝，持蓮花、頭頂有化佛(或無)
始於2世紀

(見第149頁)

漢地

觀音菩薩(1面2臂2足)
10世紀以前 → 以男性觀音為主
　　　　　　造像主要源於印度
　　　　　　持蓮花，頭上或有化佛。
　　　　　　亦有見持水瓶與拂塵。

(見第150頁)

密宗
坦特羅模式 (Tantric Form)

六字觀音(或稱四臂觀音)
1面4臂2足，男性，菩薩裝
西藏，始於13世紀

(見第154頁)

十一面觀音
有2臂、4臂、6臂、16臂、42臂、千臂
印度、西藏、東亞
始於5世紀末-6世紀初印度笈多王朝

(見第155頁)

類型4—三大士

千手千眼觀音

文殊菩薩

普賢菩薩

漢地，宋代起。

(見第148頁)

華嚴三聖

毗盧遮那佛(即大日如來)

文殊菩薩

普賢菩薩

白衣觀音

白衣長袍，覆蓋頭巾，如意坐姿於水月，竹林背景。

(見第152頁)

送子觀音

觀音手抱男嬰

(見第152頁)

南海觀音

持楊柳、淨瓶，坐於岩石，善財、龍女隨侍，白鸚鵡盤空，竹林背景。

(見第152頁)

製表人◎張宏實

薩、觀世音菩薩。
造像來源《觀無量壽經》。

薩(深膚、持藍蓮、蓮花上載金剛杵)
膚、持蓮)

類型3—三族姓尊

(見第147頁)

蓮華手菩薩(慈悲)
文殊菩薩(智慧)
金剛手菩薩(伏惡)
西藏12世紀

四臂觀音(慈悲)
文殊菩薩(智慧)
金剛手忿怒相或金剛手菩薩(伏惡)
西藏13世紀以後

10世紀以後 →以女性觀音為多

 印度

 西藏

漢地

水月觀音
男女造像兼具，持楊柳、淨瓶、如意坐姿於水月，竹林背景。
(見第151頁)

魚籃觀音
手提魚籃，裝扮賣魚女。
(見第152頁)

A 三尊式

　　觀音菩薩最早是以「三尊式」的面貌出現，直到西元5世紀以後，才開始大量出現常人型態的單尊造像。所謂的「三尊式」，顧名思義，就是三尊像組合群像，這是早期佛教造像常見的型式，多半以佛陀為中心，兩旁有協助教化的菩薩像。歸納起來，三尊式的發展共有四種組合類型，分述於下：

釋迦牟尼佛三尊像 247年 印度犍陀羅
主尊是釋迦牟尼佛，兩旁脅侍分別是觀音與彌勒菩薩。

ⓑ 釋迦牟尼佛三尊像 1-3世紀 印度阿占塔石窟
主尊是釋迦牟尼佛，兩旁是觀音與彌勒菩薩。(鄭永華攝)

類型1 釋迦牟尼佛三尊像

　　最早出現的三尊像以佛陀釋迦牟尼為中間主尊，兩旁脅侍是彌勒與觀音，協助教化眾生。

　　綜觀來說，這時期造像儀軌還未確定下來，沒有嚴格規定，因此常見二菩薩的位置或持物有顛倒的情形，必須靠造像上的題記說明來辨別。不過，仍可區分為三種組合。

ⓐ 右彌勒菩薩——頭上有舍利塔，手持水瓶
　 左觀音菩薩——頭頂有化佛，手持蓮花

年代：西元247年　地點：印度犍陀羅

犍陀羅最早的觀音造像並未嚴格規定，經常與彌勒菩薩共同作為釋迦牟尼的隨侍菩薩，兩者形象非常接近，一般來說持水瓶的是彌勒菩薩，頂上有化佛的是觀音。不過，這並非一定，也有相反的少數例子。因則卻可適用在西藏地區。

ⓑ 佛三尊像 4-6世紀 印度阿占塔石窟
主尊釋迦牟尼佛的兩旁是觀音與彌勒菩薩。(鄭永華攝)

ⓒ 取材自：釋迦牟尼佛三尊像 12世紀 蘇俄冬宮博物館藏
主尊釋迦牟尼佛的兩邊分別是白膚的觀音與深膚的彌勒菩薩。

ⓑ 右觀音菩薩──題記說明

左彌勒菩薩──單盤趺坐

年代：此類型始自印度三世紀左右，延續到五世紀後半。
地點：印度地區

要特別注意的是在5世紀以後，印度出現的三尊
式，有以釋迦牟尼佛居中或以阿彌陀佛居中，身
旁出現的二脅侍菩薩指的都是觀音與彌勒這兩位
菩薩，不會是別人，只不過有時無法從圖像上明
顯辨識出來，必須靠題記說明來辨識。

ⓒ 右彌勒菩薩──深膚，持寶瓶

左觀音菩薩──淡膚，持蓮

年代：12-13世紀　地點：西藏地區

此類型盛行在12到13世紀的西藏地區。在這裡要特
別提醒的一點是「寶瓶」在不同地區的意義：在印
度、西藏，寶瓶是彌勒的持物；在中國，寶瓶變成了
觀音的持物，許多中國的女性觀音如水月觀音、南海
觀音等都持寶瓶。

A 三尊式

阿彌陀佛淨土變相　初唐　敦煌莫高地 220 窟
彌陀的右手邊是觀世音，左手邊是大勢至。

取材自：阿彌陀佛唐卡　12 世紀下半 -13 世紀上半　私人收藏品
阿彌陀佛的右手邊是持白蓮的觀音，左手邊是持藍蓮的金剛手菩薩。

類型 2 阿彌陀佛三尊像

　　以阿彌陀佛為中間主尊，在中國與西藏地區各有不同的隨侍菩薩：

ⓐ 大勢至菩薩・頭頂有寶瓶

觀音菩薩・頭頂有化佛

年代：5世紀初
地點：漢地

此三尊式是依據經典《觀無量壽經》，觀音與大勢至是阿彌陀佛的脅侍菩薩，所展現的是西方極樂淨土的思想。在這裡要特別提醒的一點是大勢至菩薩造像在5世紀初的漢地已經出現，但印度地區的大勢至造像卻要到 8 世紀才出現。

ⓑ 金剛手菩薩─深膚，持藍蓮，蓮花上載金剛杵

觀音菩薩─白膚，持蓮

年代：12-13 世紀
地點：西藏地區

特別提出一點是這一時期的三尊式中，在西藏密宗裡手持金剛杵或藍蓮的金剛手，到了中國地區，則換成了普賢菩薩。

〈金剛手菩薩〉

金剛手菩薩(梵語Vajrapani)，密宗八大菩薩之一，在西藏是非常重要的雨神，每逢乾旱藏人必膜拜他。金剛手菩薩是1面2臂2足，手握金剛杵，原屬菩薩相，後來轉變成護法相貌。因為承襲自金剛部，所以冠上常有阿閦如來化佛。在唐卡中，金剛手多顯忿怒相，展立姿，右手揚金剛杵，左手插腰。這種造型在後期幾乎成為固定的形式。至於金剛手菩薩的象徵屬性，則有過不同的轉折。在西元7、8世紀的印度，金剛手象徵智慧，後來改由文殊菩薩象徵智慧，而金剛手到了西藏，才變成伏惡的象徵。

ⓐ 西藏鎏金蓮華手菩薩坐像 16-17世紀 鴻禧美術館藏
12世紀的三族姓尊是指蓮華手菩薩、文殊菩薩、金剛手菩薩。

ⓑ 三族姓尊 西藏 19世紀
13世紀以後的三族姓尊是指六字觀音(上)、文殊菩薩(左)、金剛手菩薩(右)。

類型3 三族姓尊

「三族姓尊」是屬於西藏密宗的三尊式。在密宗的唐卡中，金剛手菩薩、觀音菩薩和文殊菩薩三位經常一起出現，就是所謂的「三族姓尊」，分別代表「伏惡、慈悲與智慧」三種屬性。然而，三族姓尊在不同時期也有些微的變化，其中，代表伏惡金剛手，由早期12世紀唐卡的菩薩相，轉變成13世紀以後忿怒相；代表慈悲的觀音，由早期的蓮華手轉變成六字觀音。

ⓐ 蓮華手菩薩(慈悲)

文殊菩薩(智慧)

金剛手菩薩(伏惡)

年代：12世紀
地點：西藏地區

ⓑ 六字觀音(慈悲)

文殊菩薩(智慧)

金剛手忿怒相或金剛手菩薩(伏惡)

年代：13世紀
地點：西藏地區

13世紀以後，也偶見以千手觀音取代六字觀音。

A 三尊式

山西太原崇善寺大悲殿中的三大士　明代
三大士中間是千手觀音，左邊是普賢菩薩，右邊是文殊菩薩。(香港佛教志蓮圖書館提供)

類型 4 三大士

　　最後，要來看顯宗世界裡的「三大士」。從宋代開始，中國出現了以千手千眼觀音、文殊菩薩、普賢菩薩三位並列的三尊式。其中的文殊、觀音分別代表智慧與慈悲，而普賢則未說明屬性。三大士後來演變成「華嚴三聖」，就是毗盧遮那佛(即大日如來)、文殊菩薩和普賢菩薩。此時密宗教主大日如來被入於顯宗之列。

華嚴三聖　四川寶頂山大佛灣
華嚴三聖指的是毗盧遮那佛、文殊菩薩和普賢菩薩。(王露攝)

B 單尊式

　　單尊式的觀音形式變化多樣，在印度、西藏與漢地都有區域性的不同特色。傳至今日，中國熟知的觀音是一位慈悲女神，與早期印度認爲觀音是男性菩薩有很大的不同。

　　綜觀不同時期與地域，觀音的外貌可以歸納爲二大基本模式：常人模式（Human Form）與坦特羅模式（Tantric Form）。顯宗的觀音以常人模式爲主調；密宗觀音則以坦特羅模式爲主調。分述於下：

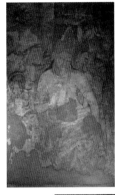

蓮華手菩薩　5世紀
印度阿占塔石窟
(鄭永華攝)

蓮華手菩薩　5世紀　印度鹿野苑　　　蓮華手菩薩 7-8世紀 印度伊洛拉石窟(鄭永華攝)　　普門品變相圖 6世紀下半 印度奧蘭加巴德第七窟

一、常人模式（Human Form）

　　這是屬於顯宗的觀音型式，呈現1面2臂2足的常人樣貌。

● 蓮華手菩薩

年代—西元2世紀以後
地區—印度、西藏地區、早期漢地

早期的常人模式，可以早期印度貴霜王朝的蓮華手菩薩爲代表。手上所持的蓮花是這類觀音的重要象徵物，成爲辨識的關鍵點。有的學者認爲蓮華手菩薩最早出現在二世紀左右，有的學者則認爲要到第五世紀，隨後普遍盛行於印度、西藏和漢地。

蓮華手菩薩（梵語 Padmapani），身著菩薩裝，頭戴寶冠，白膚，多爲男性造型。蓮華手菩薩左手持蓮莖，蓮花綻開於左肩。蓮花經常有三朵，綻開的花朵象徵現在，含苞待放的象徵未來，而凋零的花朵代表過去。來自印度或西藏地區蓮華手菩薩的右手施「無畏印」（掌心朝上向外，是象徵佛陀無畏艱辛，普渡眾生的手印）或「與願印」（下垂於膝前，掌心向外表達給予的肢體語言，象徵著施予信徒的願望）。姿勢以立姿爲多，亦可見坐姿。髮冠上偶見化佛「阿彌陀佛」，以此象徵蓮華手觀音來自西方的蓮華部。

B 單尊式

石雕觀音菩薩立像 隋代
觀音手持水瓶與拂塵。(王露攝)

觀音菩薩青銅立像 8世紀中葉(唐代) 台北故宮藏
觀音頂上有化佛,一手持蓮,一手做安慰印。

觀音菩薩 盛唐 敦煌莫高第320窟
觀音嘴邊有短鬚,手持楊枝、淨瓶,頂上有化佛。

觀音菩薩 隋代 敦煌莫高窟第276窟
觀音手持楊柳與淨瓶,能為世間消除病災。

● 漢地觀音

　　觀音造像傳入漢地後,出現劇烈的變異與改造,時間關鍵點切分在西元10世紀。

◆西元10世紀之前:

　　漢地觀音仍然承襲印度、西藏以蓮花作為觀音的象徵物,頭冠上還鑲入象徵阿彌陀佛的小化佛。大致上延續著印度蓄短鬚王子裝扮的華麗造像。

　　在這個時期,還出現了手持淨瓶(或寶瓶、水瓶)的觀音造像,頭上仍鑲有化佛。持淨瓶觀音從未在印度、西藏出現,此時期卻在漢地產生。持淨瓶觀音的造型也很快東傳到日本、朝鮮一帶。而在早期印度,手持淨瓶向來是彌勒菩薩的象徵,未曾出現在觀音身上。

　　10世紀以前的中國,菩薩造像的類別非常少,特別是大陸現存的石窟群中,在眾多菩薩中可辨認的是彌勒與觀音兩位。採交腳坐姿者是未來佛彌勒菩薩,而頭上有小化佛者為觀音菩薩,除此之外,其餘的菩薩並未強調個別的特殊身份。

臨摹自：水月觀音 943 法國居美美術館藏
這是目前所見紀年最早的水月觀音，原為「千手千眼觀音供養像」之局部圖。

水月觀音 宋代 美國波士頓博物館藏
水月觀音女性容顏，面容慈祥，採如意坐姿，神態優雅。

◆西元 10 世紀之後

大約在宋代，中國的觀音由男性菩薩首度轉變成女性菩薩，變成一位端莊溫婉的女神。出現了水月觀音、白衣觀音、魚籃觀音、南海觀音等等女性觀音。這些女性觀音廣被民間熟悉、熱愛，後來反而成為中國觀音的代表。

觀音原本最重要的蓮花持物僅出現在水月觀音身上，其他三者均無，說明了蓮華手菩薩的特質與含意在這裡逐漸消退。因此，想要清楚辨識各尊女性觀音就得要藉助其他輔助線索了，例如其他關鍵持物、特有的坐姿或是群組角色的出現等等。讓我們來看看如何辨識這些女性觀音：

◎ 水月觀音

中國流行的水月觀音有男相也有女相。持楊柳、淨瓶，採如意坐姿於圓月、水岩中，腳踩蓮花，有竹林背景。淨瓶，也就是水瓶或寶瓶，在早期的印度造像中已是菩薩的重要持物之一。像犍陀羅時代的觀音或彌勒菩薩，都曾出現持水瓶的形象。淨瓶不斷出現在這時期以後的中國觀音造像中，幾乎完全取代了蓮花。

B 單尊式

ⓑ **白衣觀音瓷像 北京**
中國自宋代以後，普遍盛行女相觀音，像身披白巾的白衣觀音便是其中的典型。（王露攝）

ⓑ **白衣大士像 16-17世紀(明代) 台北故宮藏**
白衣觀音端坐蓮葉上，呈慈悲女相，持物楊枝淨瓶擱置在側。

ⓑ **觀世音菩薩普門品經像 16-17世紀(明代) 台北故宮藏**
圖中所畫為懷抱嬰孩的送子觀音。

ⓑ 白衣觀音

水月觀音演變下來，出現了白衣觀音。典型外貌是身著白衣長袍，覆蓋頭巾，採如意坐姿於圓月、水岩中，亦有竹林背景。有時水月與白衣的造像元素是互相採用，形成二者的混合體。白衣觀音演變到後來，有送子觀音的形像，手抱男嬰，宛若慈母，是民間最常見的觀音。

ⓒ 魚籃觀音

手提魚籃，裝扮成年輕貌美的賣魚女，宛如女神下凡，走入人間。

ⓓ 南海觀音

南海觀音的依據是來自於經典記載觀音居住在南海普陀洛山，持楊柳、淨瓶，坐在岩石上，善財、龍女隨侍在側，有白鸚鵡盤旋在竹林背景中。

ⓒ 魚籃觀音 16-17世紀(明代) 台北故宮藏

ⓒ 魚籃觀音瓷像 清代 北京

ⓓ 臨摹自：南海觀音 元代趙雍繪
善財童子、龍女立於下方蓮葉上，白鸚
鵡盤旋於天空。

〈女性觀音的辨認關鍵點〉

	水月觀音	白衣觀音 (包括送子觀音)	魚籃觀音	南海觀音
圓月	★	★		
白衣		★		
竹林	★	★		★
楊柳	★			★
淨瓶	★			★
魚籃			★	
男嬰		★(送子觀音)		
善財龍女與鸚鵡				★

〈 脫離儀軌的中國造像〉

　　10世紀以後的中國造像透露出一個重要訊息，就是
不按照經典儀軌造像。印度、西藏總是嚴守經典儀軌
造立佛像，但是到了中國卻可以「隨心造像」了。只要
出於誠心，即使對經典不熟悉的藝術家也可以隨心畫
像，不一定要出於受過嚴謹訓練的儀軌造像師之手。
這類造像已脫離原有佛教造像體系，與佛教經典之間
並無緊密的連結，反倒是結合了民間信仰，呈顯出強
烈的民間性格。女性觀音的出現應該是這類訊息的表
徵。其他常見的例子還包括明明畫的是1面2臂觀音，
卻在題記裡註明是十一面觀音；甚至出現了經所沒
有的十二面觀音造像。唯一嚴守儀軌造像的只有「密
教六觀音」。但是，無論觀音造形如何改變，觀音所
具有普渡眾生的「慈悲」特質是一直被貫穿與強調的，
在印度、西藏與中國皆然。

B 單尊式

鎏金四臂觀音 西藏 16-17世紀 鴻禧美術館藏

六字觀音 西藏 私人收藏

二、坦特羅模式（Tantric Form）

這是屬於密宗領域的觀音型式，超越人類1面2臂2足，呈現多面多臂的超人軀體。有兩種常見的類型：

○ 六字觀音（西藏地區）

年代：西元12-13世紀以後開始盛行至今
地區：盛行於西藏地區。

六字觀音是1面4臂2足的超人形式。造型統一，無特殊變化，是最容易辨識的觀音造像。

六字觀音俗稱「四臂觀音」，梵語作 Shadakshari Avalokitesvara。所謂「六字」是指著名的六字真言

「唵嘛呢唄美吽」，意思是「禮敬蓮中寶」。名字中出現「蓮華」這個關鍵詞語，因此，蓮華自然而然會出現在六字觀音的身上。

六字觀音的傳統造像是1面臂2足，中間兩手做合掌印，掌中握持珠寶或聖果，另兩臂右持禮佛計數用的念珠，左持象徵清淨無染的蓮華，頭戴五方冠，左肩斜披鹿皮，身軀則呈現象徵禪定的跏趺坐或是站立像。這類觀音盛行於西藏地區，西藏精神領袖達賴喇嘛被視為是此尊觀音的化身。造型統一，無特殊變化，是最容易辨識的觀音造像。

印度

西藏

ⓑ 十一面觀音 5世紀末-6世紀初
印度甘赫瑞石窟中的第41窟

ⓑ 西藏白居寺十一面千手觀音 15世紀
（黃永松攝）

ⓑ 十一面觀音立像 明代 鴻禧美術館藏

ⓑ 十一面觀音

年代：西元5世紀末至6世紀開始盛行至今
地區：印度、西藏、中日韓地區

坦特羅的十一面觀音，有2臂、4臂、6臂、16
臂、42臂或千臂等型式，是諸多觀音菩薩型式中
最有力量與最受歡迎的一種造型，更是亞洲諸神藝
術中最完美壯觀的一尊。

超人模樣的十一面觀音，造型多樣，不像四臂觀音
的一致性，依手臂數目可分為2臂註1、4臂註2、6
臂註3、8臂、16臂註4、42臂註5或千臂等等，流傳
遍佈於印度、西藏、中原與日韓等地。依地區不同
而呈現男性或女性，著菩薩裝。

最早的十一面觀音出現在印度地區，只有兩臂，年
代約五世紀末六世紀初，以印度馬哈拉斯特省
（Maharastra）的甘赫瑞（Kanheri）石窟中的第41窟
為代表。時期相近的後笈多王朝在北印地區則流行
十一面六臂觀音。

十一面觀音造像有兩種風格：一是傳承自印度、西
藏風格，多層堆疊的面容宛若金字塔造型，極為壯
觀美麗。除此之外，還有盛行於東亞地區（中日
韓）的另一類風格，發現有多種排列模式，造型較
富變化。

十一面觀音的面部排列，在圖像上隱藏著特殊的義

B 單尊式 漢地

（b）十一面千手觀音 元代 敦煌莫高第3窟

（b）十一面觀音頭部殘像 新疆玆克爾遺址石窟

（b）石造十一面觀音立像　　（b）十一面觀音 初唐 敦煌莫高第334窟
8世紀 日本東京國立博物館藏

理。部份地區例如西藏將其分成五層結構，這些
面容既象徵法身佛、報身佛與應身佛，同時也完
整表達密宗五部與五方佛的義理。在漢地，十面
象徵十地修行，第十一面則象徵修行的最高果
位。

（b）十一面觀音變相 宋代 敦煌莫高第76窟

結論：

　　談到這裡，認識觀音最基本的，必須記住：三尊式，仍舊以「地區」為最重要的判別基礎，再來看它們的組合方式與造形特徵。辨認最困難的時期是西元三至五世紀的三尊式，主要原因是此時期的佛教造像才剛萌發，諸神的形象尚未統一，造像儀軌也還未出現，因此經常不易辨識出來，若有題記說明是最安全的辨識法。

　　至於顯宗1面2臂2足的常人模式，以及密宗六字觀音或十一面觀音的坦特羅模式，其中，地區來源以及持物是辨識的重要關鍵。至於男女相的問題，發展至今，除印度佛教已經式微，在中國顯宗中的觀音表現多屬女相，而西藏本土密宗的觀音則為男相。但無論男性、中性或是母性，觀音都是一位面帶慈悲容顏的菩薩。

千手千眼
觀世音菩薩
敦煌莫高窟
第三層元代
造像　　

癸巳青無錫黃良超刻石

國家圖書館出版品預行編目 (CIP) 資料

觀音小百科：第一本親近觀音的書 / 顏素慧編
著 .-- 初版 .-- 台北市：橡樹林文化，城邦文化出版：
家庭傳媒城邦分公司發行 , 2001(民 90)
面： 公分 .
ISBN 957-469-460-7（平裝）
1. 觀音菩薩

229.2   90006734

觀音小百科
─第一本親近觀音的書

編　　著　顏素慧
顧　　問　張宏實
美術總監　邱榆鑑
版面構成　張淑珍
封面設計　舞陽美術
手 繪 圖　邱梁城

總 編 輯　張嘉芳
編　　輯　李　玲
業　　務　顏宏紋
出　　版　橡樹林文化・城邦文化事業股份有限公司
　　　　　台北市中山區民生東路二段 141 號 5 樓
　　　　　電話：(02)2500-7696 傳真：(02)2500-1966
發　　行　英屬蓋曼群島商家庭傳媒股份有限公司城邦分公司
　　　　　台北市中山區民生東路二段 141 號
　　　　　書虫客服服務專線：(02)2500-7718；(02)2500-7719
　　　　　24 小時傳真專線：(02)2500-1990；(02)2500-1991
　　　　　服務時間：週一至週五 09:30-12:00；13:30-17:00
　　　　　劃撥帳號：19863813；戶名：書虫股份有限公司
　　　　　讀者服務信箱：service@readingclub.com.tw
香港發行所　城邦（香港）出版集團有限公司
　　　　　香港灣仔駱克道 193 號東超商業中心 1 樓
　　　　　電話：(852)25086231 傳真：(852)25789337
　　　　　Email: hkcite@biznetvigator.com
馬新發行所　城邦（馬新）出版集團【Cité (M) Sdn.Bhd. (458372 U)】
　　　　　41, Jalan Radin Anum, Bandar Baru Sri Petaling,
　　　　　57000 Kuala Lumpur, Malaysia.
　　　　　電話：(603) 90578822　傳真：(603) 90576622
　　　　　Email：cite@cite.com.my
印　　刷　中原造像股份有限公司
初版 01 刷　2001 年 6 月
初版 30 刷　2017 年 6 月
售　　價　420 元
ISBN：957-469-460-7